紫砂笔记

江赤光◎编著

贵州出版集团
贵州民族出版社

图书在版编目（CIP）数据

紫砂笔记 / 江赤光编著. -- 贵阳：贵州民族出

版社，2019.11

ISBN 978-7-5412-2462-1

Ⅰ.①紫… Ⅱ.①江… Ⅲ.①紫砂陶—陶瓷茶具—研

究—中国 Ⅳ.①K876.34

中国版本图书馆CIP数据核字（2019）第231509号

紫砂笔记

江赤光　编著

出版发行：贵州民族出版社

地　　址：贵州市观山湖区会展东路贵州出版集团大楼

邮　　编：550081

印　　刷：北京彩虹伟业印刷有限公司

开　　本：889mm×1194mm　16开

版　　次：2019年11月第1版

印　　次：2019年11月第1次印刷

印　　张：8

字　　数：120千字

书　　号：ISBN 978-7-5412-2462-1

定　　价：128.00元

序

所谓"紫砂",习惯上指宜兴"紫砂",而"紫砂"之器即壶也!

据明代周高起的《阳羡茗壶系·创始篇》记载,宜兴紫砂壶始于明代正德年间,金沙寺有一僧人掌握制陶之术,其选用本地紫砂陶土加以澄炼,捏坯为壶,并放入陶窑高温烧之,遂得紫色陶壶,用以泡、煮茶水,茶香、味醇。故紫砂壶得以闻名,成为当时僧人佛事之用器。此物能从僧人手中流传至民间百姓中,要归功于一个名叫供春的人。据《阳羡茗壶系·正始篇》记载,供春原为一大户人家的家童,随主人读书寄居于金沙寺。其间,他向寺内僧人学习制作紫砂的技术,并在实践中逐渐将前人单纯用手捏制的方法改为慢轮修整法,巧妙地使用竹刀工具,模仿树瘿造型,巧用树皮模样刻纹,匠心独运,创制了朴拙坚致、妙不可思的"供春壶"。"宜兴紫砂壶"一面世便得到了人们的追捧,其独特的泡茶功用和与生俱来的茶禅一味的文化内涵,使其既具有高贵风雅的神韵,又拥有雅俗共赏的功能。从此,"宜兴紫砂壶"成为中国陶瓷发展历史上一朵长盛不衰的奇葩。

在紫砂制壶技艺的发展历史中,制壶名家辈出,如明代的时大彬、李仲芳,清代的陈鸣远、邵大亨、陈鸿寿、杨彭年,以及现当代的顾景舟、任淦庭、裴石民、吴云根、王寅春、朱可心和蒋蓉等,创造出众多不朽的传世精品。今天,仍活跃在宜兴这片神奇土地上的紫砂壶艺术家们,继承传统,开拓创新,与时俱进,创造了历史上最辉煌的紫砂艺术时代,给热爱收藏紫砂壶的人们提供了极好的收藏机会。

按陶瓷分类,紫砂壶属硬陶类,亦曰精陶。精陶中常见的双气孔结构成为"紫砂器"性能特征之一。从收藏的角度来说,"紫砂"并没有被纳入陶瓷大类中,人们习惯上把"紫砂壶"划入杂项类。然而,宜兴紫砂壶深厚的文化内涵、精湛的制作工艺、优美的形制和艺术装饰以及独特的使用功能，使其成为现当代所有收藏门类中最热门、最活跃的收藏品。

说起收藏紫砂壶，有一些初涉收藏的爱好者常问我这样一个问题：如何能不花冤枉钱买到一把真正有升值空间的好壶？我一直没有找到回答这个问题的最佳答案。

今年春节前，我的同事张晖老师给我介绍了他朋友江赤光先生的书稿《紫砂笔记》，并转达了江先生的一个要求，希望我能为他的新书写序。因为是同事相托，也不好推辞。当然，我亦明白，这也是张老师和江先生对我的信任。为此，我细读了书稿。仔细读来，得益匪浅！该书其实是江先生收藏实践的心得和体会，记录了江先生在这几年收藏紫砂壶的过程中学习、研究、实践、提高的全过程。我接触过一些收藏家，发现收藏爱好者通常喜欢从杂项开始玩起，故紫砂壶收藏的初学者不在少数，然而能像江先生这样的还是非常少见。特别是江先生书中归纳出的关于宜兴紫砂名家名人"七老门脉"之说，为藏友了解纷繁复杂的现当代较著名紫砂艺人门派和脉络提供了依据和便利。按"紫砂七老门脉之内"和"紫砂七老门脉之外"的思路分类，所形成的"现当代紫砂壶艺人门派及脉络简表"可谓是本书的点睛之笔。书中还浓缩出让藏友们可快速查阅各层级紫砂壶艺人作品价值参考范围的"紫砂壶价值评估参考图"。

江先生的事业其实与"紫砂"并无关系，他是一个纯粹的收藏新人，在一个偶然的时机闯入了紫砂壶收藏的殿堂。从江先生的收藏经历来看，时间虽不长，但他在收藏的方法上是十分用心的。读过这本书的人一定会发现，江先生把收藏当成了他的一份事业，他用对事业的态度和方法对待收藏。从不懂紫砂壶到成为一名成功的紫砂壶收藏者，江先生走出了一条"江氏风格"的收藏捷径，他运用了工科生最擅长的科研方法及技术思路规划了自己的"收藏工程"。从立项收藏紫砂壶起，他把收藏过程分成了六个阶段：第一，查阅所有关于紫砂壶的文献资料，让自己成为懂相关收藏品历史的行家；第二，考察紫砂壶收藏市场（包括拍卖市场），把看似混沌的紫砂壶收藏品市场加以归纳整理；第三，考察生产作坊，拜访名人名家，寻找适合本人审美观的个性化收藏作品；第四，对收藏品进行独立的科学认知研究，不唯书、不唯名，一切以实物作品作为价值判断的依据；第五，分析拍卖价格，理性研究收藏品的价值依据及升值空间；第六，选择收藏对象，以理性、科学的原则，确定投资方向，量力而行。基本做到对每一件收藏品的品质、价值负责。这样的方法和技术思路能避免盲目投资，让藏友少走弯路，关键是少花冤枉钱。

今天，我借写序之机，向收藏紫砂壶的爱好者推荐此书，作为回答前面提到的"如何能不花冤枉钱买到一把真正有升值空间的好壶"这个问题的建议，《紫砂笔记》非常值得初涉收藏的爱好者学习和借鉴。

周少华[①]

2019年2月21日于浙江大学青白斋

---

① 周少华：浙江大学人文学院教授，浙江大学文物保护与鉴定研究中心副主任，中国收藏家协会陶瓷收藏专业委员会专家成员，国家文物局注册文物拍卖企业（陶瓷类）专业鉴定师。

自　序

2005年春天，我到成都出差，工作之余去逛了一个工艺美术小商品市场。在一个卖紫砂壶的摊位上，我从几十把壶中相中了一把方壶，老板开价500元，我稍做还价后即买了下来。当时我还不太懂紫砂壶，只是觉得那把壶看着舒服、大气，这就是本书中要介绍的，由踪德林紫砂作坊制作的大彬六方（四君子）壶，后初步考证此壶应为中华民国时紫砂作坊流行时期的作品。由此我走上了爱好紫砂壶、收藏紫砂壶之路。

我相信不懂的事情不能去碰，特别是在收藏领域。打定主意要收藏紫砂壶后，我就决定先通过阅读相关书籍去了解紫砂壶的来龙去脉，前前后后仔细阅读了十多本与紫砂壶有关的书籍，之后又走遍了北京大部分紫砂壶经营店。大量的阅读和实际看壶、识壶，奠定了我对紫砂壶深入了解的基础。同时我也深刻感受到，紫砂壶的历史虽然只有600年左右，但要梳理出一个关于紫砂壶历史发展、现当代紫砂流派及紫砂艺人的清晰脉络是何等的不易！因为我所读过的紫砂壶书籍几乎都是用平铺直叙的方法按年代列举该书作者认为优秀的作品和艺人，而极少能给出有逻辑性的分析和提纲挈领的概括。结果是，藏友们捧着书本时似懂非懂，放下书本后更是满脑子问号，这种感觉对于希望清楚了解现当代紫砂艺人和紫砂作品的藏友更加突出。

《紫砂笔记》的基础资料是我这些年来在收藏和阅读过程中做的笔记和注释，我对这些素材进行整理和提炼，断断续续花了近两年时间，最终完成了这本薄书。对零碎的阅读笔记素材进行梳理的过程也是逻辑归纳的过程，笔记中的一些要点如下：

1. 概括出可供自己和藏友们方便快捷查询的"紫砂壶发展历史脉络简

图"，使仅从一张图了解紫砂壶简明历史脉络成为可能。

2. 归纳出方便自己和藏友了解纷繁复杂的现当代较著名的紫砂艺人门派和脉络，按"紫砂七老门脉之内"和"紫砂七老门脉之外"的思路区别分类，并形成"现当代紫砂壶艺人门派及脉络简表"。

3. 浓缩出让自己和藏友们可快速查阅各层级紫砂壶艺人作品价值参考范围的"紫砂壶价值评估参考图"。

提炼笔记素材、编写此书的初衷是对自己走过的十多年紫砂壶收藏历程作一个清晰的梳理，从而使自己能在紫砂收藏这条路上更踏实地走下去。如果在做自我小结的同时，亦能给其他有兴趣的藏友们提供一些紫砂壶收藏的简明参考经验，避免藏友们重复走自己当初辛辛苦苦走过的弯路，我当然就更加心满意足了。

由于经验不足，认识和资源均有限，书中错误在所难免，敬请藏友、行家及读者们不吝赐教！

浙江大学人文学院周少华教授应邀在百忙之中为本书撰写了精辟的、概括性的序言，我谨在此深表谢意！

江赤光

2018年写于北京大兴西斯莱公馆

目 录

紫砂的历史发展脉络及代表人物

紫砂壶孕育诞生的三个条件

如果仔细研究和考证，人类使用的各种器物或用具大都是在历史发展过程中由各种相关因素交错影响、综合发展并最终水到渠成的产物，紫砂壶也不例外，我们可以从下列三个方面对它的诞生进行探讨：

天时——民间饮茶习惯的演变。明代初，自唐以来的将炮制好的茶"研磨成末—制饼—煮饮"的方式（类似于普洱茶茶饼的制茶、饮茶方式），逐渐演变为"散茶全叶沸水泡饮"的方式。这种方式要求采用既保温又透气的茶具，从而奠定了紫砂壶最终成为大众喜爱的茶具的基础。

地利——宜兴丁蜀镇一带拥有丰富的优质紫砂矿资源，加之普通日用陶器制造业自唐以来在宜兴地区逐渐发展成熟（有考古出土日用陶器为证），使早期的工匠或有心人具备从日用陶矿里优中选优的条件，从而发现并炼制出适合于制壶的紫砂泥。

人和——明代初宜兴金沙寺僧及供春等人对紫砂泥特性的发掘、探索和研究，以及对紫砂壶制作成型工艺的长期摸索、开发和掌握，最终制成了以冲泡散茶为使用目的的早期紫砂壶。

紫砂壶的文化属性

在中华文明发展的长河中，文化的发展可沿着四条脉络去理解和把握，即民间文化、文人文化、宫廷文化和宗教文化。对紫砂壶产生较深刻影响的应该是前两种文化。

民间文化 民间文化是哺育紫砂壶诞生和成长的沃土。紫砂壶从明初作为民间饮茶实用器具诞生以来，经历明、清及近现代的发展，其器型设计、制作工艺不断在民间文化这片沃土上得到丰富和完善。

文人文化 文人文化是提升紫砂壶内涵的取之不尽的源泉。紫砂壶自清代以来逐渐得到文人雅士的钟爱，文人群体还孜孜不倦地亲身参与设计与制作，如陈曼生与杨彭年合作设计了曼生18式壶型，吴大澂与黄玉麟合作了提梁鱼化龙壶，吴湖帆、江寒汀与顾景舟合作了景舟石瓢壶，张守智与汪寅仙合作了曲壶，亚明与王寅春合作了亚明四方壶。

这种合作是双向的需求：一部分文人学者出于对紫砂壶的喜爱，主动与宜兴著名紫砂艺人交往，并参与壶的设计和制作；同时一部分宜兴紫砂艺人出于提高茗壶档次的需要主动与著名文人交往，向文人学习并提高文化素养。这就促使紫砂壶艺不断与文人文化相互交融，一部分紫砂艺人的作品被恰如其分地植入了典雅的文化元素，继而从一般手工艺品升华为艺术品、收藏品。

除此，在当代还有不少紫砂艺人直接进入著名大学，进修工艺美术专业，成为具有相当文化素养和美学视野的紫砂工艺师。例如，从紫砂壶的设计来说，大多数设计并制作出优秀壶型的紫砂艺人，都在著名大学进修过工艺美术专业；从紫砂壶的刻绘来看，通过刻苦学习美术和书法，部分佼佼者（如谭泉海、徐安碧、何忍群等）在书法或绘画方面已具有大家风范，成为名副其实的"紫砂 + 书法"或"紫砂 + 绘画"的双修著名紫砂艺人。

宫廷文化 宫廷文化除了清康熙、雍正、乾隆时期对紫砂壶的装饰有过一定的影响外，在其他方面几乎没有实质性的影响。实际上紫砂壶长期以来形成的基本审美观和紫砂泥的本质特征（后面论及品壶理念时还会详细分析），是与宫廷文化所追求的奢华不相兼容的。

佛教文化　除部分紫砂壶的器型设计（如僧帽壶）和铭文（如常见的"心经"铭文）含有一定佛教内容外，佛教文化对壶艺发展无实质性影响，这应该是因为佛教文化来源于西域而与饮茶、茶具没有直接关系。

紫砂壶的历史发展脉络及代表人物

紫砂壶的诞生和发展至今已有600多年，公开出版的、涉及紫砂壶历史发展脉络的书籍有不少，但这些书籍大都采用了平铺直叙的方式介绍某段历史和各阶段的代表人物。由于历代紫砂艺人众多，藏友们往往在捧书阅读时就倍感繁复、似懂非懂，放下书本后更不能保留一个清晰的有逻辑的印象，结果是许多本书看下来依然不能清楚地把握紫砂壶的历史发展脉络（笔者就曾有过类似经历）。

为了避免上述问题，让读者能在最短的时间内简明扼要地掌握紫砂壶的发展脉络，同时尽量做到只要一册在手，就能快速查阅到所需内容，本节尝试用四张具有高度概括性的表格（笔者原创，见下表），通过列举紫砂壶发展的某一特定历史阶段，某一关键节点的四个要素，即年代、事件、代表人物和代表作品，来概括紫砂壶发展的主要脉络，使读者在看完这四张表格所提炼的内容后，可以有逻辑性地，有选择性地，清晰地掌握紫砂壶历史发展的主要脉络。

明代紫砂壶发展脉络表			
年代	事件	代表人物	紫砂传世代表作品
元末—明初	饮茶习俗的演变：从将散茶磨碎制饼然后煮饮到将散茶直接加工制作然后全叶冲泡	茶农和饮茶人	无
明初期	宜兴粗陶工匠在开采陶土和制陶过程中逐渐掌握了日用陶土中的夹泥—紫砂泥提取技术，根据其优良特性，制作早期紫砂壶供僧人自用或寺庙附近人传用。壶不留款，制壶无商业化目的	宜兴金沙寺僧人	无
明中期（早段）	"陶壶鼻祖"供春通过向金沙寺僧人刻苦学习，掌握并大幅度提高制壶工艺，紫砂壶使用开始向民间扩展，制壶者开始在壶上署名，制壶走向商业化	供春	图1：供春制树瘿壶，现藏于中国历史博物馆 图2：供春制六瓣圆囊壶，现藏于香港茶具文物馆
明中期（晚段）	在供春壶艺基础上进一步发展茗壶制作工艺和丰富壶型，李茂林率先采用了"将半成品壶先装入匣钵再送入窑烧制"的方法，避免了茗壶沾其他缸坛釉泪，提高了烧制质量	董翰、时鹏、赵梁和元畅（前明4家），仅董翰和时鹏各有一传世作品；李茂林（略晚于前明4家）	图3：董翰制提梁壶，现藏于民间 图4：时鹏制水仙六瓣方壶 图5：李茂林制菊花八瓣壶，现藏于香港茶具文物馆
代表作品图例	 图1 　　　　　图2  图3 　　图4 　　图5		

明代至清代紫砂壶发展脉络表			
年代	事件	代表人物	紫砂传世代表作品
明中晚期 （早段）	时大彬在供春的"斫木为模"的制壶基础上发明了"打身筒＋镶身筒"成型的制壶方法，并从制大壶为主改为制文人案头的小壶为主，发明了紫砂泥调沙的制泥工艺，设计并制作了诸多著名壶型和优美茗壶，紫砂壶逐渐受到达官贵人和文人阶层的喜爱和热捧	时大彬 （号少山，时鹏之子）	大彬提梁壶， 大彬虚扁壶， 大彬六方壶， 莲瓣僧帽壶， 凤首印包壶等
明中晚期 （晚段）	紫砂壶创作进一步繁荣，紫砂壶民间应用进一步广泛	李仲芳，徐友泉，欧正春，陈子畦，蒋时英，陈仲美，沈君用，沈子澈，陈辰等	仿古盉形三足壶，菱花方壶，提梁合欢壶等
清初期	朱泥小壶在以惠孟臣为首的制壶名人推动下，在中国沿海以及日本、东南亚一带得到广泛接纳和应用	惠孟臣	梨式水平壶
清中期 （早段）	自然型花器发展、丰富、成熟达到清代巅峰，诗文铭刻、泥绘、印花和粉彩等多种装饰手法走向成熟，印章款开始使用并走向成熟	陈鸣远 （号鹤峰，石霞山人，壶隐）	南瓜壶，蚕桑壶，松段壶，天鸡壶，束柴三友壶等
清中期 （中段）	一方面，紫砂壶艺在前人技艺基础上进一步成熟，壶型进一步丰富；另一方面，釉彩装饰的紫砂壶在皇室倡导下风靡起来，紫砂壶脱离了古朴典雅的本色，走上华丽、富贵、烦琐之路	华凤翔，杨履乾，邵旭茂，邵友兰，邵俊根，杨阴千，陈白康，潘虔荣等	如意云纹汉方壶，百寿壶，堆雕菊花纹提梁壶，旭茂提梁壶等
代表作品图例	图1　时大彬制如意纹盖壶 图2　时大彬制莲瓣僧帽壶	图3　陈鸣远制松段壶 图4　邵旭茂制提梁壶	

清代至中华民国紫砂壶发展脉络表			
年代	事件	代表人物	紫砂传世代表作品
清中期（晚段）	以陈曼生为代表的文人雅士群体，与以杨彭年、杨凤年为代表的制壶名工紧密合作，创新地开发并制作了一批所谓的"文人壶"——"曼生18式"	陈曼生（名鸿寿，字子恭，号曼生），杨彭年，杨凤年	仿古井栏壶，箬笠壶，半瓜壶，瓢提壶，半月瓦当壶，石瓢壶等
清中后期（早段）	在清宫廷文化逐渐将紫砂壶装饰引入繁复、华丽之途时，一代壶艺大师邵大亨诞生了，他以古朴浑厚的壶型设计和高超卓绝的制壶技艺，创作了"龙头一捆竹""德钟""鱼化龙""掇球""蛋包""风卷葵"等一大批朴拙、典雅的佳作，从而将清代紫砂壶艺自陈鸣远之后又推上一个高峰	邵大亨	龙头一捆竹壶，德钟壶，掇球壶，鱼化龙壶，蛋包壶等
清中后期（晚段）	清代学者、金石学家、书画家吴大澂与宜兴壶艺大师黄玉麟合作，相互影响提高，助推黄玉麟设计制作了鱼化龙壶、仿供春壶、弧棱壶、方斗壶等杰出作品，登上自邵大亨之后又一紫砂壶艺高峰	黄玉麟	鱼化龙壶，供春壶，弧棱壶，铺沙升方壶等
清后期—中华民国初期	紫砂壶生产进一步商业化，出现一批专业制作紫砂作品的公司和商号，如利用陶业公司和铁画轩陶器公司等；紫砂壶出口量逐渐增多，一批制壶名家开始送作品到国外展会，参展参赛屡屡获奖。紫砂壶开始走向世界。此时期属于紫砂壶的复兴期	程寿珍，冯桂林，任伯年，俞国良，范大生，赵松亭，江案卿，蒋彦亭，汪宝根，李宝珍等	瓢壶，隐角竹鼓，扁鼓，大掇球，大传炉壶，合桃壶，线云壶，葵仿古，四方隐角竹顶壶，五竹壶，陆羽茶经壶，狮球壶等
代表作品图例	图1　邵大亨制德钟壶 图2　杨彭年制陈曼生铭箬笠壶	图3　黄玉麟制弧棱壶 图4　程寿珍制掇球壶	

现当代紫砂壶发展脉络表			
年代	事件	代表人物	紫砂传世代表作品
中华民国时期—2000年	以紫砂七老为代表的一代承上启下的杰出艺人，在清末民国紫砂壶复兴期的基础上，吸收历代紫砂壶的壶艺精华，乘着改革开放的春风，带领一大批中青年壶艺师不断推陈出新，开创了紫砂行业从未有过的一个原创繁荣时代	顾景舟，任淦庭，裴石民，王寅春，朱可心，吴云根，蒋蓉，高海庚	翻盖大柿壶，提梁弧棱壶，串顶秦钟壶，裙花提梁壶，报春壶，白藕酒壶，双龙提梁壶等
	一代宗师、壶艺泰斗顾景舟（1915—1996）出现了。他年轻时由于壶艺出众，曾受上海古董商郎玉书之邀，专门研究、揣摩、复制历代紫砂壶名品，其间吸收了明清历代高手之代表作品的壶艺精华；1945年至中华人民共和国成立前夕与海派画家吴湖帆、江寒汀交友切磋壶艺，合作设计制作了"景舟石瓢壶"；1956年与中央美术学院教授高庄结识，共同完成了"提壁茶具"的创作和制作；1980年应香港著名收藏家罗桂祥订单要求，组建和带领紫砂特艺班的学员，复制了一批历史名壶并成功地规模化地打入东南亚市场；并于1975年起主持对宜兴地区古窑遗址的全面考察，写了多篇关于紫砂陶艺的论文，并主持编著了《宜兴紫砂珍赏》	顾景舟（原名顾景洲，别称曼希廋萍，武陵逸人，荆南山樵，晚年自号壶叟）	提壁壶，云肩如意壶，景舟石瓢壶，三线咖啡壶，如意仿古壶，醒钟壶等
	一批紫砂七老门脉外的宜兴紫砂界老艺人也对紫砂壶艺的发展和紫砂新秀的成长起到重要作用	沈孝鹿，唐凤芝，陈福渊，谈尧坤，范正根，施福生，王熙臣，邵全章等	莲芯壶，矮八方茶具，蜂菊壶，高竹果园壶，报春壶，丰收壶等
2000年以后	2000年左右，紫砂七老除蒋蓉外均已逝世，但七老的优秀弟子们和七老门脉之外的杰出艺人，已完全能担起将宜兴紫砂壶艺发扬光大的重任，随着文化和工商业的改革开放的不断深化，实力派艺人开始创办形形色色的紫砂个人工作室，丁蜀镇形成前店后厂的欣欣向荣的局面，紫砂壶设计、制作及市场推广进入了一个百花齐放、百家争鸣的新时期	当代壶艺名家群体，详细见第三章介绍	百花齐放，林林总总，在其他很多关于紫砂壶的书中均有详细介绍，故在此不一一细述

图 1　吴云根制提梁弧棱壶

图 2　王寅春制高瓜壶

图 3　裴石民制串顶秦钟壶

图 4　顾景舟制提壁壶

紫砂壶历史发展脉络简图

笔者在第三节中用了4张表简要地、概括地介绍了从明初紫砂壶诞生以来的壶艺历史发展脉络和各阶段的代表人物，这4张表的呈现方式比起其他平铺直叙的描述方式已经简明了许多，但我们还可以更精炼一些，这就是本节下面给出的紫砂壶历史发展脉络简图。

需要说明的是，此图中纵坐标的起点不列在零刻度，一方面是因为根据宜兴蠡野羊角山考古发现，在明朝之前就有紫砂罐的存在，或者说紫砂煮茶容器的存在，但这些紫砂容器不是用于散茶冲泡的紫砂壶，只能说是紫砂壶的前身；另一方面我们不能准确界定从紫砂煮茶器到紫砂壶的具体转换年代。所以，我认为明初紫砂壶不是从零开始的观点比较客观。

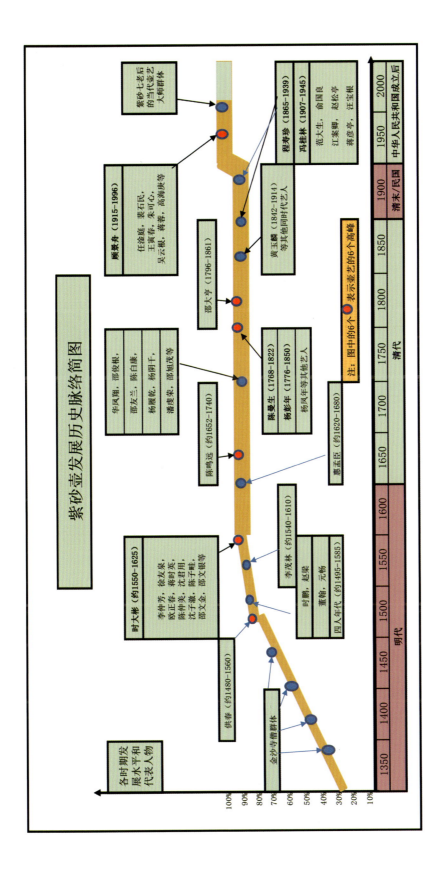

紫砂壶发展历史脉络简图

紫砂壶的分类和典型壶型

　　紫砂壶的分类是每本关于紫砂壶的书籍都会提到的内容，同样，笔者所看过的书籍大多是采用文字直接叙述的方式，这种方式可能描述得更为全面，但藏友们放下书本后仍会有隔靴搔痒的感觉。本文采用表格方式概括紫砂壶的分类，力求简练、清楚、易于记忆。

　　同时，笔者尝试将现代创新器型单独归为一类，与光素器、花塑器和筋纹器并列，原因有二：一是按传统器型的定义很难将现代创新壶型归入某一类传统器型中；二是这一类器型未来应该会进一步发展，以至于我们不能忽略它。紫砂壶壶型分类表与紫砂典型壶型图示见下文。

紫砂壶壶型分类表

类别		典型壶型	代表作品
光素器	圆器	圆壶（椭圆壶或不规则圆壶）	一粒珠、掇只、石瓢等	见下页紫砂典型壶型图示
			晨曲壶、茶水醉人壶、归田风趣壶、捧握壶	
	方器	四方壶	汉方、印包	
		六方壶	大彬六方、宫灯	
		八方壶	矮八方、八方提梁	
筋纹器	（可归类于花器中的植物仿生器，但筋纹器不是简单的仿生，而是比植物仿生器更抽象和更注重意境）		一捆竹、菊瓣、葵花	
花塑器	植物仿生器		竹段、梅桩、松段	
	瓜果仿生器		南瓜、佛手、松鼠葡萄	
	动物仿生器		天鸡、熊猫及各种生肖	
现代创新器型	（代表陶艺家有吴鸣、葛陶中、施小马、王亚平、吴光荣、详艳春等）		期待茶具、红黑壶、四君子、捧握壶、春之泥、谦谦君子壶等	

紫砂典型壶型图示

光素器	圆器，从左至右分别为： 谭晓燕制平盖莲子壶 吕尧臣款掇只壶 矢建伟制道法自然（石瓢）壶 丕益顺制晨曲壶 方器，从左至右分别为： 周志良制四方桥顶壶 李昌鸿制道法方竹段壶 踪德林制大彬六方壶 周志良制矮八方壶
筋纹器	从左至右分别为： 范秀芳制八卦一捆竹壶 周志良制方菱壶 侯君芳制梵莲壶 李茂林制菊花八瓣壶    
花塑器	从左至右分别为： 贺红梅制蛇生肖壶 吴芳娣制高梅桩壶 饶达明制灵芝供春壶 史永棠制孝茅壶    
现代创新器型	从左至右分别为： 吴鸣、胡朝君制阳羡溪山系列壶之一 华雪琴、周品鑫制竹吟系列壶之一 沅建强制海纳百川壶 乔顺强制浪壶    

现当代紫砂著名制壶艺人

　　紫砂壶首先是手工家居实用品，高档紫砂壶经设计者和制作者融入艺术的设计理念和一定的文化元素后升华为艺术品。作为手工艺品，紫砂壶制壶技艺是讲究拜师学艺的，从师门传承的角度去梳理现当代著名艺人名录具有逻辑性，而且仅现当代紫砂七老（指任淦庭、裴石民、吴云根、顾景舟、王寅春、朱可心和蒋蓉）门脉内（含其二代、三代弟子）的艺人就占60%以上。

　　自改革开放以来，中国经济的市场化改革大大促进了宜兴紫砂业的发展，紫砂壶的设计、制作和营销一派欣欣向荣，有一定水平的紫砂艺人纷纷独立创办工作室，加上从景德镇等其他陶都半转行来宜兴从事紫砂创作的艺人，紫砂从业群体迅速壮大。这对紫砂业的发展固然是好事，但也导致了鱼龙混杂的局面。特别是一些电视购物节目、网店和微店店主纯粹从商业目的出发，将随意一把壶的作者都称为老师甚至大师，使得经验不足的藏友想实实在在地了解和掌握现当代紫砂艺人的水平和清晰脉络成为一件非常令人头疼的事情。

　　实际上，我们可以从三个方面梳理现当代紫砂艺人的脉络：

　　1. 从荣誉称号来看，截至2018年6月底，宜兴获得官方授予的国家级大师（含工艺美术大师和陶瓷艺术大师）有29人，省级大师有91人，省级名人有72人，即获得官方正式授予荣誉称号的共有192人。

　　2. 从职称评定来看，截至2018年6月底，正高级工艺美术师有132人，高级工艺美术师有346人，工艺美术师有802人，即获得官方授予的工艺美术师

（含）以上职称的共1280人。需要注意的是，职称与荣誉称号是有重叠的。

3. 另外就是从未参加职称评定和低职称（助理级和技术员级）但具有较高壶艺水平的实力艺人群体，这类艺人的比例约占20%。更为麻烦的是，常有同一位艺人在不同时期，为了学习不同的技艺（如制壶拜一位师傅，刻绘又拜另一位师傅）拜两位甚至三位名家为师的情况，使得对现当代艺人脉络的梳理愈加复杂。

基于上述情况，本文尝试以表格形式将有一定知名度的现当代紫砂艺人分为两大类，如下表：

第一大类	紫砂七老门脉之内较著名艺人	
第二大类	紫砂七老门脉之外较著名艺人	学术创新型
		自学自立型
		家族壶艺传承型

需要声明的是，这种分类的目的除了使笔者和藏友更方便梳理和记忆紫砂艺人的脉络外，没有任何对人贴标签的意图。另有同名同姓的，在名字后加上出生年份，以作区别。对紫砂七老门脉之内较著名艺人和紫砂七老门脉之外较著名艺人的梳理见下文。

紫砂七老门脉之内较著名制壶艺人

任淦庭一脉的较著名艺人			
紫砂七老之一	第一代弟子	第二代弟子	第三代弟子
任淦庭	徐秀棠	陈建平	王永光（亦师从蒋新安、史国富），汪国勤，徐浩俊（亦师从吴鸣、蒋新安），贾益芳
		尹祥明	吴介春
		周定芳（亦师从高丽君）	其弟子见高丽君栏
		史小明，蒋才源，诸葛逸仙，陆文霞，吴扣华，李群（亦师从其父亲李昌鸿和母亲沈遽华），吴亚克，勇跃骏，邵立平，强德俊，黄丽萍（亦师从汪寅仙、汤鸣皋和倪顺生），黄旭峰	
	谭泉海	朱鸿钧（亦师从徐汉棠、顾绍培），高俊1965（又师从吕尧臣），吴贞裕，陈岩，王翔1975，严志军（亦受教于张锁坤、周伯其）	
	毛国强	查元康	
		毛子健（毛国强之子，亦师从刘建平），毛文杰（毛国强之女，亦师从顾景舟）	
	沈汉生	何忍群（亦师从咸仲英），沈俊，苏敏（亦师从鲍志强），顾涛（亦师从顾绍培）	
	咸仲英，陆巧英	咸子情，何忍群（亦师从沈汉生）	
	束旦生（亦师从谈尧坤、潘春芳）	曹奇敏（亦师从施小马、丁亚平）	
	鲍仲梅	鲍庭博	
		蒋琰滨	吴永宽
	夏俊伟	王玉美	
		黄自英	钱一清
	鲍志强（亦师从吴云根）	范建军，范泽锋（亦师从范伟群），谢强，周奇鸣，周志君，周琴娣（亦师从胡永成、江建翔），鲍燕萍（鲍志强之女，亦师从吕尧臣），汤建林，苏敏（亦师从沈汉生）	
	周伯其	严志军（亦受教于张锁坤、谭泉海）	

顾景舟一脉的较著名艺人			
紫砂七老之一	第一代弟子	第二代弟子	第三代弟子
顾景舟	徐汉棠	徐元明（徐汉棠之子）	范黎明，范永叶，冯炼，严伟，徐飞，周益娟
		李霓（亦师从其母沈遽华），房玉蘭，徐维明（徐汉棠之子），徐雪娟（徐汉棠之女），周志和，范其华，范秀芳（亦师从季益顺、吴同芬），潘小忠，陈龙大，朱鸿钧（亦师从谭泉海、顾绍培），刘梅仙，范其华，徐建国，范荣仙，范杏华，秦永强	
	高海庚		
	李昌鸿 沈遽华	王杏军，闵璐，杨瑶芬，范友良	
		胡洪明，褚婷元，李霓（亦师从徐秀棠），李群（亦师从徐秀棠），高壮华，沈琳，高俊1972（亦师从吴群祥、周桂珍），吴志平	
	顾绍培	邵顺生	高奋荣
		华健（与吴奇敏为夫妻关系）	佘燕敏
		华健，庄玉林，顾亭，顾勤（亦师从王石耕、谈跃伟），陈依群，汤杰，吴芳娣，鲍雯君，贺洪梅，唐彬杰，路学峰，陈依群（早年师从鲍利安），朱鸿钧（亦师从徐汉棠、谭泉海），邵俊芬，蒋建军，尹红娣，刘锡芬（亦师从高丽君），储峰（储立之子，亦师从储立），董正红（亦师从吴鸣），顾涛（亦师从沈汉生）	
		贺洪梅	贺杨
	周桂珍	刘建芳，徐立（徐汉棠之子），高俊1972（亦师从吴群祥、李昌鸿）	
	张红华	鲍曙岩，鲍青（张红华之女）	
	徐达明	鲁浩，周品鑫	
	潘持平	张志强	
		鲍利安（亦师从高丽君、曹婉芬）	董亚芳（亦师从何道洪），陈依群（亦师从顾绍培），唐黎萍
	钱丽媛（亦师从王寅春、蒋蓉）		
	葛陶中	葛韬，蒋丽雯（亦师从周定华）	
	吴群祥（亦师从吕尧臣）	陆君（亦师从吴群祥）	程曙（亦师从陈国良）
		吴界明，吴曙峰，吴奇敏（华健妻子，亦师从吕尧臣），赵明敏（亦师从蒋彦、何道洪），王耕兰，高俊1972（亦师从李昌鸿），孟勤，何卫枫	
	吴亚平	吴小军（吴亚平、钱丽媛之子），戴云燕，吴小萍（吴亚平、钱丽媛之女）	
	高振宇		
	周尊严（亦曾师从裴石民）	唐朝军	
	王国祥	朱国强	
	毛文杰（亦曾师从其父毛国强）		
	徐徐		

吴云根一脉的较著名艺人			
紫砂七老之一	第一代弟子	第二代弟子	第三代弟子
吴云根	吕尧臣	杨勤芳	夏淑君，杨秀芬
		刘建平（亦师从高丽君）	李霞，毛子健（亦师从其父毛国强）
		谈跃伟（亦师从高丽君）	顾勤（亦师从王石耕和其父顾绍培），马璟辉，潘跃明（亦师从江建翔）
		吴群祥（亦师从顾景舟）	其弟子见顾景舟栏
		范国歆（亦师从何道洪）	
		蒋彦（亦曾师从王寅春、李碧芳）	其弟子见王寅春栏
		张海平	张建平
		鲍正兰，高俊1965（亦师从谭泉海），邹跃君，吕俊庆（吕尧臣长子），吴奇敏（亦师从吴群祥），王亚军，范建华（亦师从曹婉芬、江建翔），鲁文琴（亦师从江建翔、谢曼伦），史银之，鲍燕萍（亦师从鲍志强），周菊英（亦师从吕尧臣、季益顺）	
	汪寅仙（亦曾师从朱可心）	喻小芳（早期师从丁亚平），姚志源（汪寅仙之子），丁洪顺，王志刚，张尧健，姚志泉（汪寅仙之子），吴亚亦，陈忠庆，王铭东，汪叶	
	鲍志强（亦师从任淦庭）	范建军，范泽锋（亦师从范伟群），谢强，黄自英，周奇鸣，周志君，周琴娣（亦师从胡永成、江建翔）	
	吴震		
	何挺初（亦师从裴石民）	李园林（亦师从束凤英、范洪泉）	孙立强（亦师从陈国良），蒋国娟（亦师从周定华）
		徐维真（亦师从刘建平），何健	
	葛明仙	黄芸芸	
	范洪泉（亦师从朱可心）	李园林（亦师从束凤英、何挺初）	其弟子见何挺初栏
		周俊智（亦师从汤鸣皋、高建芳），曹竞方	
	程辉	杨维高	
	储立之	王潇笠，储峰（储立之之子，亦师从顾绍培），张泉林	

裴石民一脉和蒋蓉一脉的较著名艺人			
紫砂七老之一	第一代弟子	第二代弟子中的较著名艺人	第三代弟子中的较著名艺人
裴石民	束凤英	丁洪顺（亦师从高红英），朱斌，万亚钧（束凤英之子，亦师从季益顺）	
		李园林（亦师从范洪泉、何挺初）	其弟子见何挺初栏
		丁亚平	喻小芳（亦师从汪寅仙），曹奇敏（亦师从施小马、束旦生），顾卫芬，方幼琴（亦师从曹亚麟），陈国芳
	何道洪（亦师从王寅春）	陈国良（何道洪其他弟子见王寅春栏）	范黎明，彭耀年，范荷，孙立强（亦师从李园林），程曙
	周尊严（亦师从顾景舟）	唐朝军	
	何挺初（亦师从吴云根）	李园林（亦师从束凤英、范洪泉）	其弟子见吴云根栏
		徐维真（亦师从刘建平），何健	
蒋蓉	高建芳	周俊智（亦师从汤鸣皋、范洪泉）	
	谢曼伦	蒋亚萍（亦师从周定华），王银芳（亦师从顾美群）	
	钱丽媛（亦师从顾景舟、王寅春）		
	范永良	周荣金，范卓群（范永良之子，亦师从范洪泉）	
	钱和生		
	钱建生		
	许双军		
	蒋艺华	孟勤	
	顾建芳		

王寅春一脉的较著名艺人			
紫砂七老之一	第一代弟子	第二代弟子	第三代弟子
王寅春	周桂珍	刘建芳，徐立，邓亚亚	
	何道洪（亦师从裴石民）	陈国良	其弟子见裴石民栏
		曹燕萍，董亚芳（亦师从鲍利安），范国钦（早期师从吕尧臣），恽益萍，张志强（亦师从潘持平），单志兰，何叶（何道洪之女），赵明敏（亦师从吴群祥、蒋彦），范国歆（亦师从吕尧臣），顾跃鸣，袁立新，范建中，范泉明，丁淑萍（亦师从鲍玉兰）	
	王小龙（王寅春三子）	王奋良(王寅春孙子，亦师从王三大、王石耕)	
	钱丽媛（亦师从顾景舟、蒋蓉）		
	邵毓芬（亦师从高丽君）	张梅珍（亦师从蒋新安），周菊英（亦师从吕尧臣、季益顺）	
	蒋彦（亦曾师从吕尧臣和李碧芳）	赵明敏（亦师从吴群祥、何道洪），张彩英（亦师从高丽君），吴燕群（亦师从丁洪顺、刘建平）	
		季益顺（亦师从高丽君）	其弟子见朱可心栏
	潘春芳、许成权（亦师从朱可心）	许煜红（亦师从汤鸣皋），梅宝玉，鲁新华，刘红仙，施秀春，韩小虎，赵良	
		汤鸣皋	周俊智（亦师从高建芳、范洪泉），许煜红
		范洪泉	范卓群（亦师从范永良）
		束旦生（亦师从任淦庭）	曹奇敏（亦师从施小马、丁亚平）
		江建翔（后师从汪寅仙）	陆虹炜（亦师从施小马），叶水英，周琴娣（亦师从胡永成、鲍志强），范建华（亦师从吕尧臣、曹婉芬），潘跃明（亦师从谈跃伟），鲁新华（亦师从许成权、李碧芳），鲁文琴(亦师从吕尧臣、谢曼伦)，王铭东
	高红英	丁洪顺（亦师从束凤英）	吴燕群（亦师从蒋彦、刘建平），王新妹（亦师从刘建平），曹宇宏（亦师从曹亚麟）
	王石耕（王寅春长子）	王奋良(王寅春孙子，亦师从王三大、王小龙)	
	张红华	鲍曙岩	
	王三大（王寅春次子）	王奋良(王寅春孙子，亦师从王小龙、王石耕)	
	范盘冲		
	蒋淦勤		

朱可心一脉的较著名艺人			
紫砂七老之一	第一代弟子	第二代弟子	第三代弟子
朱可心	汪寅仙（亦师从吴云根）	喻小芳（早期师从丁亚平），姚志源（汪寅仙之子），丁洪顺，王志刚，张尧健，姚志泉（汪寅仙之子），吴亚亦，陈忠庆，王铭东，汪叶	
		江建翔（早期师从许成权）	其弟子见王寅春栏
	李碧芳	高湘君（亦师从谢曼伦），蒋小彦，李惠芳（葛陶中之妻），鲁新华（亦师从许成权、江建翔），卢息勤	
		蒋彦（亦师从王寅春、吕尧臣）	其弟子见王寅春栏
		胡永成	周琴娣（亦师从鲍志强、江建翔），谈敏
	谢曼伦	高湘君（亦师从李碧芳），鲁文琴（亦师从吕尧臣、江建翔）	
	高丽君	刘建平（亦师从吕尧臣）	李霞，毛子健，徐维真（亦师从何挺初），吴燕群（亦师从蒋彦、丁洪顺），王新妹（亦师从丁洪顺）
		谈跃伟（亦师从吕尧臣）	其弟子见吕尧臣栏
		鲍利安（亦师从潘持平、曹婉芬）	董亚芳（亦师从何道洪），陈依群（亦师从顾绍培），唐黎萍
		周定华	蒋丽雯（亦师从葛陶中），蒋亚萍（亦师从谢曼伦），蒋建军，蒋国娟（亦师从李园林）
		邵毓芬（亦师从王寅春），申屠国洪，廖江玲，王喆（又名王柯钧，王小龙和高丽君之女），张彩英（亦师从蒋彦），刘锡芬（亦师从顾绍培）	
		季益顺（亦师从蒋彦）	赵曦鹏，高奋荣，顾顺芳，范建荣，刘剑飞，周宇杰，范秀芳（亦师从徐汉棠、吴同芬），王桂芬，万亚钧（束凤英之子），周菊英（亦师从吕尧臣、邵毓芬），丁俊宏，郑剑锋，张益
	倪顺生	朱志芬，徐建光，张伟军，郑求标，徐建光，黄丽萍（亦师从汪寅仙、汤鸣皋和徐秀棠）	
	顾道荣	陈国宏，陈成，许卫良，夏瑞娟，顾斌武，盛听凤，许学芳，王六初（亦师从葛军）	
		顾佩伦	顾洪军
	范洪泉（亦师从吴云根）	李园林（亦师从束凤英、何挺初）	其弟子见何挺初栏
		周俊智（亦师从汤鸣皋、高建芳），曹竞方	
	潘春芳，许成权（亦师从王寅春）	其弟子见王寅春栏	
	曹婉芬	鲍利安（亦师从高丽君、潘持平）	董亚芳（亦师从何道洪），陈依群（亦师从顾绍培），唐黎萍
		陆君（亦师从吴群祥）	程曙（亦师从陈国良）
		范建华（亦师从吕尧臣、江建翔），费寅媛，吴菊芳，周慧，何震	
	韦钟云		

紫砂七老门脉之外较著名制壶艺人

学术创新型较著名制壶艺人				
第一代	传承弟子		第一代	传承弟子
吴　鸣	华雪琴，王银芳，范永军，徐浩俊（亦师从陈建平、蒋新安），董正红（亦师从顾绍培），耿浩		蒋雍君	
	顾美群（其弟子有王银芳等），胡朝君		董亚平	
曹亚麟	钱祥芬，方幼琴（前期亦师从丁亚平），曹宇宏（亦师从丁洪顺）		陈富强	
王亚平			吴淑英	
葛　军	王六初		潘岷	
吕俊杰			管唯皓	
储集泉	周忠军，陈惠红（亦师从查元康），何文君，陈红梅，宋晓伟，钱一清（亦师从黄自英），蒋建军（亦师从周定华）		邵家声	
吴光荣			陆全明	
蒋新安	谢菊萍，陈宏林，王永光（亦师从陈建平、史国富），徐浩俊（亦师从陈建平、吴鸣），张梅珍（亦师从邵毓芬）		卢宁刚	
桑黎兵	朱永忠		张静	
许艳春			瞿华娣	
张建中			李玮	
孙伯春			李斌	
张振中			戴静波	
堵江华			眭龙俊	
朱亚琴			周钧林	
余仲华			周伯娟	
周小明			周全	
郭超钢			周建春	
朱　彬				

自学自立型较著名制壶艺人			
第一代	传承弟子	第一代	传承弟子
徐安碧	陈宏林（亦师从蒋新安），李利，沈锡芬（亦师从顾治培）	孔良法（早期亦师从吴汝莲）	邵新河
吴培林	沈寅华，周志良，陈顺根，杨卫刚	沈锡芬	
王涛		袁国强	
朱建伟		汪成琼	
陈洪平	马永强	吴云峰	
蒯良荣		怀其芳	
秦酉桃		孔新华	
华建明		孔春华	
卢剑星		孔小明	
许四海		路朔良	
勇淑英		严强	
凌锡苟	范顺君，吴勇	顾治培	沈锡芬（亦师从徐安碧）
王福君	陈顺培，陈正初	赵洪福	
朱丹		张志清	施昌
刘俊1981		赵江华	
袁小强		张寅	
沈建宏		畲永锋	
张鸿俊		耿春华	
董永君		何卫枫	
吴祥大		许敏芳	
杨小泉		顾建明	
惠海勤		尹红英	
钱菊萍		周军明	
谢永新		史建中	
谈文华		范云松	
蔡华强		吴震1973	
吴俊杰		孟小军	
潘亚云		吕锋平	
王锡军		许华芳	

家族壶艺传承型较著名制壶艺人
第一代	传承弟子
施小马	曹奇敏（亦师从束旦生、丁亚平），陆虹炜（亦师从江建翔），高峰，高凌云
吴同芬	范秀芳（亦师从徐汉棠、季益顺）
鲍玉兰	丁淑萍（亦师从何道洪），单志兰（亦师从何道洪）
范伟群（亦师从吴同芬、季益顺和徐汉棠，但以传承范家壶为主）	范泽锋（亦师从鲍志强、张庆臣），范暗军
沈建强	何叶 1975
牟锦芬	
方小龙	
唐伯琴	
姚亚勤	
鲍玉梅	
廖西氿	
葛岳纯	
邵新和	吴开虎，杨志仲，孔良法（亦师从吴汝莲）
胡敖君	
马俊华	
范卓群	
蒋泽军	
毛 丹	
吴汝莲	孔良法（亦师从邵新和）

在拍卖市场具有一定认可度的著名制壶艺人

　　紫砂壶，特别是高档的紫砂壶，作为艺术品和收藏品，其最终的价值兑现渠道主要是拍卖市场。一把壶，无论被卖家宣传得如何有收藏价值，如果最终不能被拍卖市场认可，也只能作为藏家置于文房中自我欣赏的摆设而已。当然，我们不能否认在拍卖市场也有虚假抬价的伎俩，但从长期的、平均的和统计的角度看，拍卖成交价对藏品价值评估还是有很大参考价值的，所以藏友收藏紫砂壶到达一定程度后，了解紫砂壶拍卖市场的行情是必须的。

　　本节所附拍卖汇总表是根据2016年的拍卖成交纪录，按成交价格从高到低汇总而成，限于篇幅省略了拍品的附图。从表中可梳理出：

　　◆ 紫砂壶的价值不像瓷器那样主要取决于制作年代，现当代优秀作品的价值完全可以超越明清的作品，如顾景舟、何道洪和汪寅仙等人的作品。

　　◆ 同一艺人的不同作品的价格悬殊可以达到数倍，这就是笔者在后文的估价图中提出的关于"代表作"、"力作"和"一般作品"的分级论价的基础。当卖家向藏家推荐某某名人的作品有何价值时，藏友必须先了解该作品是其"代表作""力作"，还是"一般作品"，同时还要考虑该作品是大品、中品还是小品。同一种壶型，容量越大，制作难度会越大，艺人制壶的数量则会相对较少，价值也就相应增加。

　　◆ 有些艺人已获得较高职称且在宜兴业界有一定的名望，出于其个性或其他原因，不主动介入拍卖市场，其作品价值不能在拍卖市场找到参考，但并不说明其作品就没有较高的价值。

　　在拍卖市场具有一定认可度的著名制壶艺人表及2016年紫砂壶拍卖会成交汇总表如下：

在拍卖市场具有一定认可度的著名制壶艺人表

职称和荣誉称号	姓名
紫砂七老＋国家级大师	任淦庭，顾景舟，朱可心，吴云根，汪寅仙，裴石民，王寅春，蒋蓉，何道洪，季益顺，吕尧臣，徐汉棠，徐秀棠，谭泉海，李昌鸿，周桂珍，顾绍培，鲍志强，毛国强，陈国良，吴鸣，曹亚麟，曹婉芬，徐达明，张红华，葛军，吕俊杰，储集泉
省级大师＋省级名人＋正高级工艺美术师	江建翔，顾道荣，华健，潘持平，刘建平，施小马，张振中，吴群祥，吴培林，范洪泉，徐维明，鲍仲梅，蒋彦，吴亚平，范建荣，吴扣华，袁国强，王国祥，倪顺生，曹奇敏，吴曙峰，姚志源，何挺初，华健，陆君，范建华，许艳春
高级工艺美术师	吴云峰，何叶，郑剑锋，马璟辉，朱彬，眭龙俊，孔春华，孔小明，曹奇敏，许士群
未参加职称评定及低职称实力艺人	堵江华，高振宇，邹跃君，唐彬杰，王翔，黄芸芸，周宇杰，许卫良，严强，任备安，李涵鸣，袁朝舟，范国华，张鸿俊，吴东元，畲海平，葛玲琴，李寒勇，王兴，陈岩，路学峰，方琴华，王亚军，张锋，吴界明，葛陶中，顾佩伦，李艳，许又峰，张庆臣，谭晓君，谢华，徐徐，朱勤勇，叶鸿钧，张听金，高旭峰，周洪彬，顾斌武，徐恒茂，赵江华，董永君，吴东元，耿春华，张寅，袁小强，煦谷，范暗军，沈建宏，畲永锋，王锡军，葛龙文，蒋燕庭，储铭，范静安，吴勇，顾余根

2016年紫砂壶拍卖会成交汇总表（按成交价从高到低排序）

序号	作者	作品名称	拍卖公司	拍卖成交价
1	陈鸣远	南瓜壶	中国嘉德	32,200,000
2	顾景舟	灵芝壶	北京瀚海	9,200,000
3	顾景舟	三足云肩如意壶	北京保利	6,900,000
4	顾景舟	仿古如意壶	北京保利	6,325,000
5	顾景舟	高墙矮僧帽壶	北京匡时	6,325,000
6	顾景舟	掇球壶	北京瀚海	5,750,000
7	顾景舟	汉铎壶	北京保利	5,750,000
8	顾景舟	掇只壶	北京瀚海	5,175,000
9	顾景舟	三足提梁壶	北京匡时	5,175,000
10	杨季初	彩绘山水人物图笔筒	佳士得	4,930,000
11	顾景舟	僧帽壶	北京匡时	4,830,000
12	瞿应绍（刻）	段泥吉直壶	苏富比	3,536,000
13	顾景舟	均玉壶	北京瀚海	3,450,000
14	顾景舟	石瓢壶	北京瀚海	3,450,000
15	杨彭年、陈曼生	匏瓜壶	北京保利	3,450,000
16	杨彭年	井栏壶	北京瀚海	3,450,000
17	毛国强	曼生18式套壶18把	北京瀚海	3,450,000
18	佚 名	描金诗文壶	北京匡时	2,530,000
19	杨彭年	段泥笠荫壶	苏富比	2,312,000
20	何道洪	神竹壶	中国嘉德	2,070,000
21	汪寅仙	黑松壶	北京瀚海	1,840,000
22	顾景舟	矮八方壶	北京瀚海	1,720,000
23	何道洪	乐圆壶	北京瀚海	1,610,000
24	何道洪	渴韵壶	北京瀚海	1,610,000

续表

序号	作者	作品名称	拍卖公司	拍卖成交价
25	蒋蓉候	菊瓣壶	北京匡时	1,564,000
26	乔重禧、杨彭年	石瓢壶（中品）	苏富比	1,487,500
27	顾景舟	双线竹鼓壶	中国嘉德	1,265,000
28	高振宇	吟鬲壶（一对）	中国嘉德	1,265,000
29	顾景舟	仿古扁腹壶	北京匡时	1,150,000
30	何道洪	乐圆壶	北京匡时	1,150,000
31	汪寅仙	弯鋬梅桩壶	中国嘉德	1,035,000
32	汪寅仙	夔龙青铜纹四足壶	北京瀚海	920,000
33	吕尧臣	大熊猫壶	北京匡时	920,000
34	何心舟	石瓢壶	北京保利	920,000
35	顾景舟	仿古式壶	北京诚轩	690,000
36	高振宇	紫红泥宝卣壶	中国嘉德	690,000
37	何道洪	古溪壶	中国嘉德	621,000
38	汪寅仙	夔龙壶	北京匡时	621,000
39	汪寅仙	供春壶	北京匡时	575,000
40	徐汉棠	提篮壶	北京匡时	575,000
41	李昌鸿	砖方壶	北京保利	575,000
42	邹跃君	延年对壶	北京匡时	575,000
43	朱可心	松鼠葡萄壶	北京瀚海	552,000
44	顾绍培	高风亮节壶	中国嘉德	552,000
45	江建翔	雪梅套壶	北京瀚海	552,000
46	蒋蓉	芒果壶	北京荣宝	537,600
47	陈曼生（铭）	半月瓦当壶	中国嘉德	517,500
48	佚名	御制诗文壶	北京匡时	483,000

续表

序号	作者	作品名称	拍卖公司	拍卖成交价
49	冯桂林	梅桩壶	北京瀚海	460,000
50	朱可心	报春壶	北京保利	460,000
51	周桂珍	井栏六方壶	北京匡时	460,000
52	何道洪	海鼓壶	北京保利	460,000
53	朱可心	上松段套壶	北京保利	402,500
54	杨彭年	扁圆壶	北京匡时	396,750
55	何道洪	旅日六式壶	北京匡时	391,000
56	佚 名	镶金团菊莲子壶	中国嘉德	391,000
57	王寅春	绿泥四方鼓腹壶	北京匡时	391,000
58	周桂珍	竹提梁壶	中国嘉德	379,500
59	顾绍培	天地方圆壶	中国嘉德	379,500
60	任备安	如意提梁壶	北京东正	379,500
61	邵伯原	朱泥君德壶	中国嘉德	368,000
62	裴石民	高蚕蛹壶	北京保利	368,000
63	吕尧臣	井底蛙壶	北京匡时	368,000
64	陈国良	束柴三友壶	北京匡时	368,000
65	周宇杰	杰出对壶	北京瀚海	368,000
66	佚 名	炉均釉紫砂大壶	北京诚轩	345,000
67	邵伯原	朱泥梨形壶	中国嘉德	345,000
68	朱可心	竹段壶	北京瀚海	345,000
69	何道洪	绿泥掇球壶	北京保利	345,000
70	唐彬杰	藏六方壶	北京瀚海	345,000
71	邵圣德	笠帽碗灯壶	北京诚轩	322,000
72	陈国良	大供春壶	北京匡时	310,500

续表

序号	作者	作品名称	拍卖公司	拍卖成交价
73	周桂珍	大彬如意壶（谭泉海刻）	北京瀚海	287,500
74	唐彬杰	六方扁腹壶	北京瀚海	287,500
75	许卫良	沫心壶	北京瀚海	287,500
76	佚名	紫砂胎剔红八宝纹壶	苏富比	287,000
77	陈国良	僧帽壶	北京瀚海	264,500
78	严强	春暖花开套壶	北京瀚海	253,000
79	黄芸芸	寄相思壶	北京匡时	241,500
80	陈曼生（铭）	菱形提梁壶	北京瀚海	230,000
81	邵元祥	圆珠壶	北京东正	230,000
82	邵圣主	柿圆壶	中国嘉德	230,000
83	凌万全	均釉汉方壶	中国嘉德	230,000
84	王寅春	扁灯壶	中国嘉德	230,000
85	陈国良	供春壶	中国嘉德	230,000
86	陈国良	束柴三友壶	中国嘉德	230,000
87	鲍志强	五代诗韵留香壶	中国嘉德	230,000
88	顾道荣	引路壶	北京瀚海	230,000
89	华健	大彬六方壶	中国嘉德	230,000
90	张鸿俊	古鬲壶	北京瀚海	230,000
91	陈国良	一粒珠壶	北京荣宝	224,000
92	高振宇	三足金樽壶	中国嘉德	218,500
93	杨彭年	笠荫壶	苏富比	212,500
94	顾景舟	紫炉壶	北京匡时	207,000
95	裴石民（款）	半球壶	中茂圣佳	207,000
96	邹跃君	红小柿壶	中国嘉德	207,000

续表

序号	作者	作品名称	拍卖公司	拍卖成交价
97	蒋蓉	蛤蟆莲蓬壶	中国嘉德	207,000
98	吕尧臣	天外天壶	中国嘉德	207,000
99	江建翔	松鼠葡萄对杯	中国嘉德	207,000
100	吴扣华、陆春涛	四季如意壶	北京匡时	207,000
101	吴云峰	龙吟四方壶	北京瀚海	207,000
102	佚名	朱泥平盖莲子壶	佳士得	200,000
103	徐秀棠	灵豹壶	中国嘉德	195,500
104	陈国良	艳秋炉壶	北京匡时	195,500
105	施小马	宝菱壶	北京瀚海	195,500
106	高振宇，徐秀棠（刻）	虚扁壶	北京保利	195,500
107	潘持平	坦然壶	北京匡时	189,750
108	徐汉棠	大掇只壶	中国嘉德	184,000
109	江建翔	雪梅套壶	北京匡时	184,000
110	徐秀棠	雕塑—烧不尽腹中书	北京匡时	184,000
111	许国瑞	贴花四方扁石壶	中国嘉德	184,000
112	吕尧臣	小相扑壶	中国嘉德	172,500
113	范国华	松桩壶	北京瀚海	172,500
114	江建翔	竹节笠帽对壶	中国嘉德	172,500
115	江建翔	福有壶（石泉铭）	中国嘉德	172,500
116	施小马	铜铊六方壶	北京匡时	172,500
117	施小马	鬲式壶	北京匡时	172,500
118	畲海平	三足梅鼎壶	北京瀚海	172,500
119	徐汉棠	秦权壶	北京荣宝	168,000
120	周桂珍	半月壶	北京荣宝	168,000

续表

序号	作者	作品名称	拍卖公司	拍卖成交价
121	范大生	东坡提梁壶	苏富比	162,500
122	张红华，范曾书（画）	神蛋提梁壶	中国嘉德	161,000
123	陈国良	掇只壶	中国保利	161,000
124	刘建平	夔龙拱壁壶	北京瀚海	161,000
125	吴 鸣	朽木壶	北京瀚海	161,000
126	王寅春	牛盖提梁	北京匡时	155,250
127	邹跃君	金瑞壶	北京匡时	155,250
128	陈国良	石春壶	中国嘉德	149,500
129	鲍志强	福寿延年对壶	北京瀚海	149,500
130	顾道荣	祝寿壶	北京瀚海	149,500
131	徐达明	汉韵提梁壶	北京瀚海	149,500
132	顾绍培	妙泉壶	北京瀚海	138,000
133	曹婉芬	五头高八方壶	中国嘉德	138,000
134	江建翔	雅竹壶	中国嘉德	138,000
135	江建翔	春露梅桩壶	中国嘉德	138,000
136	施小马	提高壶	北京瀚海	138,000
137	张振中	西瓜壶	北京保利	138,000
138	葛玲琴	梅桩壶	北京保利	138,000
139	吴扣华、范晨亚	大如意壶	北京保利	138,000
140	施小马	玉扁壶	北京瀚海	132,250
141	江案卿	供春壶（三件套）	北京瀚海	126,500
142	徐达明	宋韵壶	中国嘉德	126,500
143	施小马	方权壶	中国嘉德	126,500
144	吴群祥，泉海（刻）	大莲子壶	中国嘉德	126,500

续表

序号	作者	作品名称	拍卖公司	拍卖成交价
145	吕尧臣	神韵壶	中国嘉德	126,000
146	华健	华灯初放壶	北京瀚海	126,500
147	李寒勇，范建军（刻）	禅钟壶	北京瀚海	126,500
148	吴东元	棋交壶	北京瀚海	126,500
149	李宝珍，任淦庭（刻）	传炉壶	北京东正	115,000
150	周桂珍	仿古壶	北京瀚海	115,000
151	汪寅仙	半月小水平壶	北京瀚海	115,000
152	施小马	方菱壶	北京瀚海	115,000
153	高振宇	朱泥孟臣小壶	北京保利	115,000
154	张振中	小松桩壶	北京瀚海	115,000
155	潘孟元	平盖莲子大壶	北京保利	115,000
156	袁国强	月色菱花壶	北京瀚海	115,000
157	王翔	水盂壶	北京瀚海	115,000
158	吴云根	段泥柿子壶	北京保利	103,500
159	吴云根	柿圆竹节提梁壶	中国嘉德	92,000
160	堵江华	提梁壶（吴贯中题）	北京保利	92,000
161	范建荣	紫玉红砂壶	北京保利	92,000
162	吕尧臣	有余壶	中国嘉德	86,250
163	鲍志强	三阳开泰壶	中国嘉德	86,250
164	陈用卿（款）	紫泥大具轮珠壶	中国嘉德	82,800
165	朱可心	焐灰鱼化龙壶	中国嘉德	80,500
166	顾绍培	珍珍壶	中国嘉德	80,500
167	堵江华	包袱壶	北京保利	80,500
168	顾佩伦	石民南瓜壶	中国嘉德	80,500

续表

序号	作者	作品名称	拍卖公司	拍卖成交价
169	王 兴	茄子壶	北京保利	80,500
170	徐汉棠	掇球壶	北京保利	74,750
171	鲍志强	四季纳福壶	中国嘉德	74,750
172	佚 名	朱泥扁灯壶	中国嘉德	69,000
173	陈国良	园园壶	北京保利	69,000
174	曹婉芬	大亨仿古壶	中国嘉德	63,250
175	邵俊根	逸公壶	佳士得	62,500
176	李昌鸿	高僧帽壶	中国嘉德	59,800
177	徐达明	灵芝供春壶	中国嘉德	59,800
178	陈 岩	如柿壶茶具套件	中国嘉德	59,800
179	徐汉棠	掇球壶	中国嘉德	57,500
180	曹婉芬	四方如意对壶	中国保利	57,500
181	江建祥	风卷葵壶	中国保利	57,500
182	路学峰	素隐壶（松段类）	中国保利	57,500
183	谭晓君，泉海（铭）	汉础壶	中国嘉德	57,500
184	文九（款）	朱泥君德壶	中国嘉德	57,500
185	顾绍培	小福福壶	中国嘉德	55,200
186	储集泉	瑶池遗韵九头套壶	中国嘉德	55,200
187	鲍志强	镶金出水芙蓉壶	中国嘉德	51,750
188	周桂珍	石瓢壶	中国嘉德	46,000
189	墨缘斋意堂	朱泥汤婆壶	中国嘉德	46,000
190	徐维明	树瘿壶	中国嘉德	40,250
191	李昌鸿	扁四方壶	中国嘉德	40,250
192	程寿珍	紫泥掇球壶	中国嘉德	40,250

序号	作者	作品名称	拍卖公司	拍卖成交价
193	毛国强	神州提梁壶	北京保利	40,250
194	方琴华	一帆风顺五件套壶	北京保利	40,250
195	何叶	圆趣壶	中国嘉德	40,250
196	杨彭年，朱石楣（款）	包锡古币形三镶玉壶	中国嘉德	36,800
197	张红华，吴寿谷（铭）	匏瓜壶	中国嘉德	36,800
198	李艳	朱泥鸣远南瓜壶	中国嘉德	36,800
199	许又峰	朱泥风华壶	中国嘉德	36,800
200	曹婉芬	仿古对壶	北京保利	34,500
201	刘建平	回纹鱼壶	中国嘉德	34,500
202	何挺初，一粟铭	秋韵壶	中国嘉德	34,500
203	何叶	赐忆壶	中国嘉德	34,500
204	季益顺	仿古壶	中国嘉德	32,200
205	张庆臣，徐勇良（铭）	长寿壶	中国嘉德	32,200
206	顾佩伦	包涵壶	中国嘉德	32,200

紫砂壶收藏价值评估

概　述

　　紫砂壶的收藏价值评估与瓷器藏品有较大区别。瓷器收藏首先要判断瓷器的制作年代（即断代），其次要判断藏品是出自官窑还是民窑，因为这两点是影响瓷器藏品价值至关重要的因素。

　　紫砂壶没有官窑和民窑之分。虽然明清和中华民国的紫砂壶也存在断代的问题，但制作年代不是其价值的决定性因素，如现当代的顾景舟、朱可心、何道洪等人的作品价值就高于大多数明清艺人的作品价值。紫砂壶的价值主要取决于设计者、制作者和铭刻者（或装饰者）的文化艺术修养，工艺制作水平，作者在行业内的声望，壶型是创新的还是仅仅复制的，壶形的古拙、典雅和韵美程度，以及壶的文化内涵、实用功能和所用紫砂泥的品质（泥料成本在壶的价值权重中一般占比不大，初入行的藏友往往会因卖家的宣传而对泥料价值的占比过度评估）。如果是当代艺人，还要考虑其官方评定的正式职称或官方授予的荣誉称号（具体参见第三节起始部分概述）等。

　　也就是说，紫砂壶的价值主要是与作者（包括设计、制作、铭刻或装饰者）的个人条件相关联，这一特征与中国书画估价类似。另外，如前列拍卖表所示，同一艺人的代表作、力作和一般作品之间的拍卖成交价差别也可达到数倍之多。无论是代表作、力作还是一般作品，这里都是对真品而言。仿品，特别是现代仿品是没有估价意义的。

在上述条件类似的情况下，同级别艺人对制壶节奏的把握，即紫砂壶制作量的多少，也会影响到壶的市场价格（物以稀为贵）。所以紫砂壶的估价是一件很复杂的事情，也是令藏友们最为头痛的事情之一。

紫砂壶卖家促销的手法令人惊叹（特别是电视购物）。例如，某位紫砂壶电视购物节目的主持人会通过其三寸不烂之舌非常"自然而巧妙"地把紫砂壶泰斗顾景舟的某次紫砂壶千万元级拍卖交易，联系到某现代在世的国家级大师的某次紫砂壶百万元级拍卖交易，然后再过渡到要推广的某个现代非常一般的工艺师（一般此作者可被追溯为顾景舟的第×代弟子）的作品，最后成功诱导电视观众认为被其推介的壶具也有很高的收藏价值，从而愿意掏几千元当场完成电视购物。其实通过这种电视购物所得的紫砂壶仅仅是一把能泡茶的实用型紫砂壶（市场上不到一千元就能买到）而已，跟收藏没有任何关系，跟顾景舟大师更没有任何关系。

除了上述电视购物中夸张成分很大的紫砂壶以外，历年各拍卖会的紫砂壶，特别是明清大师壶和近现代大师壶的拍品中，也常出现赝品，因为从法律角度来讲，拍卖公司不需对拍品的真伪负责，只能靠买家的眼力鉴别真伪。在此仅举一个例子供藏友参考：由皇家国际拍卖有限公司于2015年8月29号拍卖成交的"时大彬款镶龙凤纹紫砂壶"，成交价高达9,504,000元人民币，该成交价为2015年紫砂器拍卖排行榜第六名，其实那把壶的壶型是清华大学美术学院张守智教授于20世纪80年代中期设计，由当代汪寅仙大师首次制作的曲壶（器型请参见本书茗壶简约赏析之王六初复制的26号作品），这件拍品的拍卖者处心积虑地在该曲壶壶型上加了龙凤纹装饰，刻上了明代大师时大彬的款，并进行了"做旧"处理，最终拍出了高价。之所以判定这把壶很大可能为赝品是基于以下三点：

一是查阅各种历史文献发现，时大彬并未创制过（至少未流传下来）此形制作品。

二是壶身上的龙凤装饰与时大彬制壶风格不符，据鉴赏大师韩其楼对时大彬制壶风格的评价，"时壶"以素面素心为主，绝无绘画类复杂的装饰。迄今为止，经证实为时大彬所制的十多把"时壶"中，除故宫博物院收藏的一把方壶（雕漆四方执壶）系时大彬制壶胎，另由皇室工匠仿漆器装饰外，仅有一把在壶腹刻简单诗文（高执壶），一把在壶盖简单装饰了如意纹（如意纹盖三足壶），其余作品一概为素面素心。

三是由张守智教授创设计的曲壶壶型，被国内外紫砂界公认为是在紫砂壶型设计上的突破性创新，明代的时大彬不可能制作现代张守智设计的壶型。

紫砂壶价值评估参考

由上一节可见，在巨大利益推动下，紫砂器拍卖市场亦是鱼龙混杂、处处陷阱，藏友们在介入时必须谨慎小心。

笔者根据近年拍卖市场的成交情况、一般市场的议价销售情况以及个人十多年的收藏经验，制作了紫砂壶价值评估参考图（见下页）。由于紫砂壶市场情况非常复杂，只能概括出一个粗略的价格范围（欢迎藏友和专家们提出不同意见），目的仅仅是给藏友们提供一个初步的价格参考。

表中，成交价=纵坐标值×坐标权重，以第三极坐标举例：

力作下限价格 = 2 × 15 = 30（万元）

力作上限价格 = 7 × 15 = 105（万元）

此级别范围内的紫砂壶艺人的力作的价格应大部分落在30万至105万之间（不排除会有例外情况）。同时需要说明的是，紫砂壶的优劣辨别和价值评估的一般准则，在很多公开发行的书籍中均有论述，本书在名家赏析论述一节中亦有所提及，这里不再赘述。

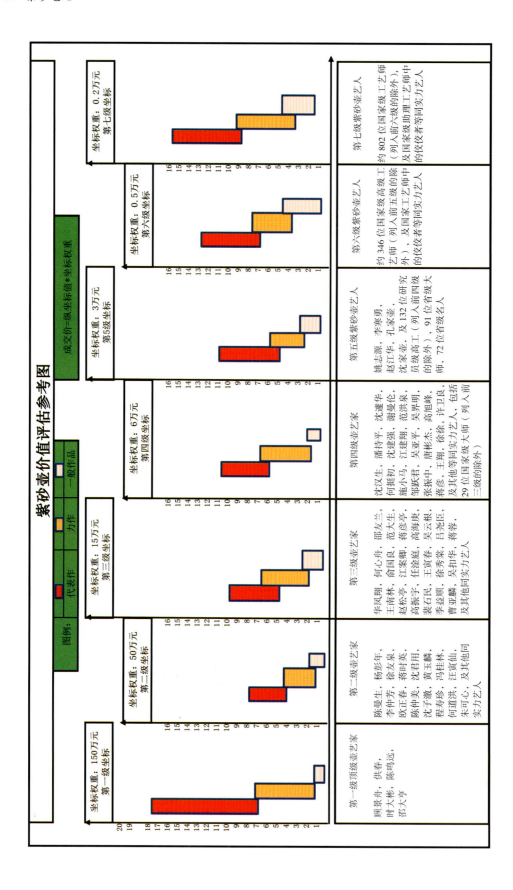

紫砂壶价值评估参考图

成交价=纵坐标值*坐标权重

图例：代表作　力作　一般作品

坐标权重：150万元 第一级坐标	坐标权重：50万元 第二级坐标	坐标权重：15万元 第三级坐标	坐标权重：6万元 第四级坐标	坐标权重：3万元 第5级坐标	坐标权重：0.5万元 第六级坐标	坐标权重：0.2万元 第七级坐标
第一级顶级壶艺家	第二级壶艺家	第三级壶艺家	第四级壶艺家	第五级紫砂壶艺人	第六级紫砂壶艺人	第七级紫砂壶艺人
顾景舟、供春、时大彬、陈鸣远、邵大亨	陈曼生、杨彭年、李仲芳、徐友泉、欧正春、蒋时英、陈仲美、沈君用、黄玉麟、沈子澈、程寿珍、冯桂林、何道洪、汪寅仙、朱可心，及其他同实力艺人	华凤翔、何心舟、邵友兰、王南林、俞国良、范大生、赵松亭、江案卿、蒋彦亭、高海庚、裴石民、任淦庭、吴云根、李益顺、王寅春、吕尧臣、曹亚麟、徐秀棠、蒋蓉，及其他同实力艺人	沈汉生、潘持平、沈遽华、何挺初、江建翔、谢曼伦、施小马、范洪泉、邹跃君、吴亚平、吴界明、张振中、唐彬杰、高旭峰、蒋彦、王潮、徐徐、许卫良等实力大师，及其他同实力艺人，包括列入前三级国家级大师的除外）29位	姚志源、李荣勇、赵江华、孔家璞、沈家壶，及132位研究员级高工（列入前四级的除外），91位省级名师，72位省级名人	约346国家级高级工艺师（列入前五级的除外），的佼佼者等同实力艺人	约802位国家级工艺师（列入前六级的除外），及国家级助理工艺师中的佼佼者等同实力艺人

紫砂壶藏品赏析

概　述

为何有必要对紫砂壶进行赏析？原因可概括如下：

◆ 壶的赏析是藏友收藏的主要乐趣之一。

◆ 壶的赏析是提高藏友自身收藏素养的过程。

◆ 壶的赏析是深入辨识藏品外形、内涵的必要一环。

◆ 壶的赏析是对其进行正确估价的基础之一。

◆ 壶的赏析是藏友与他人展示自己藏品的重要途径。

与赏析对应的另一用语是赏鉴，赏析与赏鉴的主要内容大致相同，都需要欣赏紫砂壶的外形和内涵之美，即分析紫砂壶的立意、设计、制作工艺、使用功能和泥料等各项特征。但赏鉴多了鉴别壶的真伪和根据赏鉴的结果对壶进行合理估价的内容，当然这主要是针对明、清和中华民国的老壶以及现当代著名大师的壶。所以，赏鉴人需要对紫砂壶的历史、各阶段代表人物的壶艺特征、代表作品及其拍卖市场行情和一般市场行情等有更加广泛、准确和深入的了解。

名家赏析论述

在对笔者的藏品进行赏析之前，笔者摘录了一些比较精辟的紫砂名家关于紫砂壶赏析的论述（见下表），这将有益于我们把握品壶的分寸。

紫砂名家关于紫砂壶赏析的论述摘录	
姓名	**赏析论述**
韩其楼（紫砂鉴赏大师，《中国紫砂茗壶珍赏》作者之一）	我恋紫砂无釉彩，相见如人披肝胆，不靠衣裳扶身价，唯从本质令人爱。
	古拙为最佳，大度次之，清秀再次之，趣味又次之。
顾景舟（紫砂泰斗）	上乘（艺术级的）：造型形态完美，装饰纹样适合，内容健康向上，使用功能理想，制作技艺精湛，且艺趣盎然，雅俗共赏，使人把玩不厌，怡养性灵的，是为上乘。
	中乘（艺术级的）：是因瑕就瑜，美中不足，有趣失理，有理失趣，不能兼胜者，是为中乘。
	高档层次（实用级的）：大多出自基础技术比较扎实的艺人技工，复制某种佳作，痛痒无着，技虽精而艺不足，终不免匠气流溢，难臻高尚境界。
	普及层次（实用级的）：乃为发展经济，维持人民生活，沟通物资交流，满足一般消费需求而制作。
吴士宝（著名紫砂收藏家）	紫砂壶评价要诀：泥、形、工、款、功。 泥：优质紫砂壶手摸如豆沙，细而不腻，让手感到舒服，心里愉悦。 形：如上述韩其楼所评"古拙为最佳，大度次之，清秀再次之，趣味又次之"。 工：点、线、面为基本三要素，须交代清楚。点需方则方，线需直则直、需曲则曲，面需光则光、需毛则毛，不能有半点含糊。壶嘴、壶钮和壶把要绝对在一直线上，并要比例均匀，握把分量及手感舒服。壶钮大小要得体，壶盖和壶口结合严谨，不能有落帽之忧。工之目的就是要使壶成为一个优美的整体。 款：包括款识和篆刻，应具有诗、书、画、印为一体的显著特点。 功：指壶的功能美和适用性，第一是容量适度，350毫升左右为佳；第二是高矮得当，过高则茶易失味，过低则茶易从口盖处溢出；第三是口盖严谨，无脱帽之忧；第四是出水流畅，水流集成一束，有一定弧度，如跳水运动员优美的入水情景。

续表

姓名	赏析论述
曹亚麟（国家级工艺美术大师）	一把紫砂壶应该具备五种美：一是艺术创意的美，二是文化内涵的美，三是使用功能的美，四是制作技艺的美，五是紫砂材质的美。一把真正有艺术价值的紫砂壶，就应该满足这五个方面的要求。在这五个方面里面，可以缺少了思想感情、文化内涵，但是不能缺少了其他四样美。
	价格的问题，要看你从什么角度去看待它。如果仅仅是一把没有艺术价值的壶，有的价格是高了。如果是一把具有很高艺术水平的壶，那它不仅仅是一把壶，而是一件艺术品。而且同样是艺术品，跟书画相比，紫砂壶目前的价格一点都不高，从艺术的角度看，我认为目前的价格还不能体现其价值。判断紫砂壶价格的高低，在同样制作工艺水平的基础上，主要是看其原创的艺术含量够不够，艺术水平高不高。在我看来，一把真正有艺术水平的好壶过千万元，没有什么大不了的。
夏俊伟（《中国紫砂茗壶珍赏》作者之一）	采用色泽滋润光华、色调古朴高雅的泥料达到作品的"材质美"；泥片镶接，线条多变，曲直刚柔，取得线型结构过渡的"形态美"；特殊的成型手法，注重各部位的权衡比例和细部处理，使得茗壶具备完整统一的"整体美"。

鉴赏大师韩其楼先生的论述虽然简洁，但却点透了紫砂壶审美的根本——朴素、古拙之美，这是区别于其他陶瓷艺术品的关键点，但要真正理解这一点是很不容易的。这也是清代康熙至乾隆时期彩釉装饰的紫砂壶虽然极尽奢华，深受皇室及贵族宠爱，但终究不能成为紫砂壶主流的原因。

紫砂壶说到底是在民间文化和文人文化的土壤中诞生、发展起来的，紫砂壶的美是与宜兴五色土泥性的自然美，与民间文化的朴素美，与文人雅士几千年以来所崇尚的类似于中国古诗词那样的含蓄美相一致的。

有些壶作者在设计和制作茗壶时忘记了这一根本要点，转而追求造型的繁复华丽，装饰的张狂外露，这种舍本求末的理念最终得不到大多数藏友及市场的长期认可。

顾景舟大师从紫砂壶的几个不同的档次做了定性的描述，他首先把紫砂壶分成艺术级和实用级两大类，然后每一类再细分成几个小级别，并论述了各个小级别的特征。这种分级论述的方式对藏友在实际中品壶具有针对性和可操作性。

顾老对品壶的分级论述和曹亚麟先生对壶价的论述指明了紫砂壶一个有趣的特质：即使是同一种壶型（例如石瓢壶），它可以是艺术品，也可以只是一般的实用器具，收藏价值有天壤之别。

一把真正有艺术品位和收藏意义的石瓢壶的价值可达几十万甚至几百万，而实用级别的石瓢壶即便泥料真实，制作工整，整体也没有明显瑕疵，但其价值也就几千元甚至几百元。这是藏友们在收藏中常常遇到的困惑，想在这方面提高没有捷径可走，只能是多学习，多品壶，逐渐提高辨识能力。这也从另一个角度说明了对收藏品进行赏析和品鉴的重要性。

笔者在赏壶、识壶过程中将大师（包括无职称、低职称艺人，但壶艺实力堪比大师）作品与一般工艺师作品的差别概括为六个"一点"，供藏友参考：

◆ 大师壶的壶型设计比其他一般作品更加有创意，更加古朴，更加优美一点；

◆ 大师壶的线、面过渡比其他一般作品更加圆润、自然一点；

◆ 大师壶圆器比其他一般圆器作品更加珠圆玉润、肩胸挺拔、气韵贯通、骨肉停匀一点；

◆ 大师壶方器的线、面比其他一般作品更加横平竖直、挺括俊朗一点；

◆ 大师壶各部件的制作工艺比其他一般作品更加细腻一点；

◆ 大师壶如有装饰的话，比其他一般作品更加合情理，更加有文气，更加雅趣一点。

五把茗壶重点赏析

本节是对笔者所收藏的壶艺国家级大师、省级大师和高级工艺师的五把茗壶的重点赏析，它们分别是：

吴亚平（正高级工艺美术师，江苏省工艺美术名人）制桥顶玉壁壶；

季益顺（正高级工艺美术师，国家级工艺美术大师）制晨曲壶；

李昌鸿（正高级工艺美术师，国家级工艺美术大师）制扁四方竹段壶；

沈汉生（正高级工艺美术师，江苏省工艺美术大师）制佛缘壶；

贺洪梅（高级工艺美术师）制金蛇飞舞壶。

这五把壶有一个共性：它们或是壶作者在原有老壶型的基础上有较大创新的壶型，或是壶作者全新创作的壶型，而绝非是仅仅对老壶型的复制。一般紫砂艺人制作的完全复制老壶型的壶，即便是对名家壶的复制，工艺再精湛，也只能归入顾景舟大师所说的"实用档的高级"一类。

每把壶的赏析从五个层面展开，即艺术创意、制作技艺、文化内涵、使用功能、紫砂泥料。这种赏析方式可以比较全面地认识和评价茗壶。

下面就让我们沏上一壶浓香的红茶，静下我们难得安宁的心，暂时忘却世间的烦扰，细细地品一品这几把各有特色的茗壶……

吴亚平制桥顶玉璧壶赏析		
赏析层次		**赏析**
第一层次	艺术创意	此壶融合了古玉璧和清代杨彭年所制周盘壶基本造型特征，作者对壶嘴、壶盖、壶钮和壶把的富有想象力的创新，以及压盖双圈与底足圈线的呼应，极大地丰富和美化了古玉璧和周盘壶的原有造型，突出了古玉璧的圆润，使这把壶整体显得古拙、大气。
第二层次	制作技艺	制作工艺精湛，点、线、面过渡自然，几何观感周正、稳实，口盖配合严密，壶体一入手即可感受到大师风范。
第三层次	文化内涵	壶盖铭诗为清代黄伯权的20字回文诗一首，该诗从任意字起头均可成五言诗，如"树芳飞雪落，花艳舞风流，雾香迷月薄，霞淡红雨幽"；又或"飞雪落花艳，舞风流雾香，迷月薄霞淡，红雨幽树芳"。隶书书法及铭刻彰显功力，颇具把玩文趣。 　　壶身一侧铭清江月夜图，另一侧铭七言古茶诗一首："春风倾倒在灵芦，缆到江南百草苍，来试人间小团月，异香先入玉川家"。似乎随手拈来的装饰，巧妙地把江流、孤舟、玄月、文士与古茶诗融合成一幅江风入韵、令人心旷神怡的画卷。
第四层次	使用功能	壶容量适合5人以上饮之，但壶把拿握舒适，壶嘴出水利落，实为一件高雅茶具。
第五层次	紫砂材质	优质底槽青老料，颗粒度粗细适中，手感舒适如婴儿肌肤。略加保养，包浆和含蓄之光已然显现。
茗壶作者介绍		吴亚平，字半陶，1940年生，1958年拜顾景舟为师学艺，现为正高级工艺美术师，江苏省工艺美术名人，主要作品有至德壶、桥顶玉璧壶和道转乾坤壶等。

图片展示

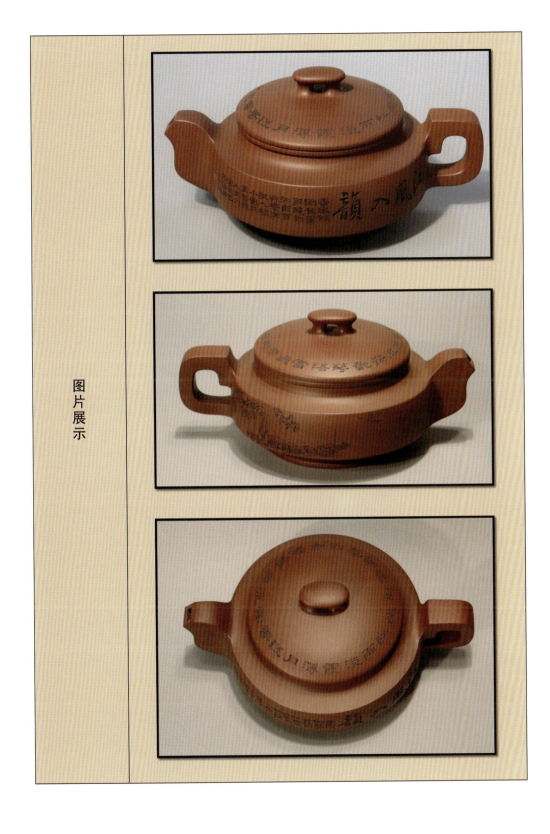

季益顺制晨曲壶赏析

赏析层次		赏析
第一层次	艺术创意	晨曲壶是作者设计的组壶"江南一景"中的五把壶之一。不对称的椭圆壶体犹如太湖的一泓湖水，壶钮就是刚跃出水面的朝阳，将阳光泼洒在烟波浩渺的湖面上，惊醒了湖中的鱼儿、湖岸的芦苇和天空的鸥鹭，于是清脆、空灵而悠扬的"晨曲"开始奏响…… 　　此壶乍看一般，但越细细品尝越有韵味，越能领会到壶的创意之美。
第二层次	制作技艺	以壶钮为中心是一个偏心的椭圆，手工掌控上应有相当难度；壶身塑造得饱满圆润，线面过度平滑自然；嘴、钮和把的制作纤巧而秀丽，尤其是绞泥形成的一圈湖水波浪和以红、黄泥特艺装点的湖面彩霞，塑造了此壶制作工艺上独一无二的特征。
第三层次	文化内涵	此壶在装饰上并没有铭诗刻赋，但壶型的整体创意本身就包含了耐人寻味的文化内涵。应该是先有"晨曲"这幅风景画，然后催生了"晨曲"这把壶。加之独特的绞泥和红、黄泥装饰，用一把小小的紫砂壶形象而生动地表现了太湖清晨日出时的美景，不能不让人再次体会到本壶奇妙而深厚的表现力。
第四层次	使用功能	此壶容积400毫升，适合2~4人饮茶。壶把拿握舒适，壶嘴出水顺畅且收放利落，整体使用得心应手。
第五层次	紫砂材质	由于表现清晨日出和彩霞要用红泥和黄泥装饰，作者恰如其分地选用了墨绿泥作为主要泥料，泥质细腻，与壶清秀纤巧的特征相匹配。
茗壶作者介绍		季益顺，1960年生，师从高丽君、王小龙。现为正高级工艺美术师，国家级工艺美术大师。主要作品有楚汉风韵壶、低生高歌壶、晨曲壶等。

图
片
展
示

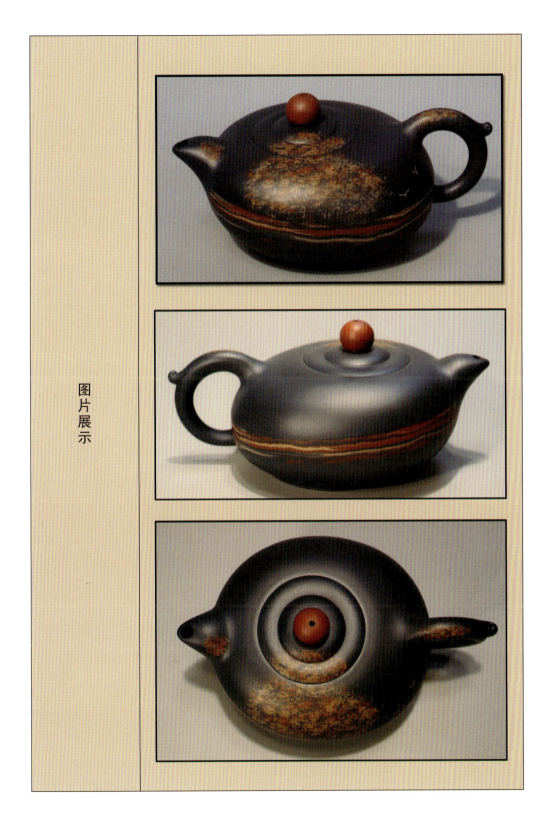

李昌鸿制扁四方竹段壶赏析		
赏析层次		**赏析**
第一层次	艺术创意	以竹为题的紫砂壶不少，但以扁四方竹段壶表现竹的不多，作者通过壶体各面衔接处的纵横90度的棱角，陡直平整的壶面，苍劲骨感的竹干弯曲的壶嘴、桥钮和耳把，以及由壶嘴和壶把处自然伸出的竹枝竹叶，恰如其分地诠释了竹子挺拔不羁的气节、风骨和品格。
第二层次	制作技艺	此壶整体做工精细，面与面相交处棱角分明，圆盖与方体过渡自然，壶体沉稳而大气，清雅而古拙；壶嘴和壶把含蓄有力；嘴和把伸出的竹枝、竹叶生动自然地舒展于壶身之上，特别是细枝在平面与立面的拐角处伏贴地转折和延伸非常逼真、自然，不免让人拍案叫绝。
第三层次	文化内涵	作者除了在壶身上采用泥塑装饰竹枝竹叶外，还利用四个立面连续地铭刻了竹林七贤的传说故事。七位竹贤或对弈，或垂钓，或饮茶聊天，每一位都生动逼真、神态各异。壶嘴立面刻五言茶诗两句——"煮沸三江水，雅聚七贤茶"，书法和刻绘俱佳。作者通过雅趣的泥塑和独到的刻绘，将文化内涵自然地植入到茗壶中，提升了茗壶的品味。
第四层次	使用功能	此壶为大品，耳形壶把拿握舒适，三弯壶嘴出水流畅，收放利落，是五位以上好友相聚饮茶时的雅趣茶具。
第五层次	紫砂材质	泥料为原矿底槽青，泥质赭紫温润，光泽温和，砂质感强，有助于表现竹的清雅、朴静和幽远。
茗壶作者介绍		李昌鸿，1937年生，1955年拜顾景舟为师。现为正高级工艺美术师，国家级工艺美术大师。主要作品有九头竹简茶具、五件铜镜茶具和扁四方竹段壶等。

图片展示

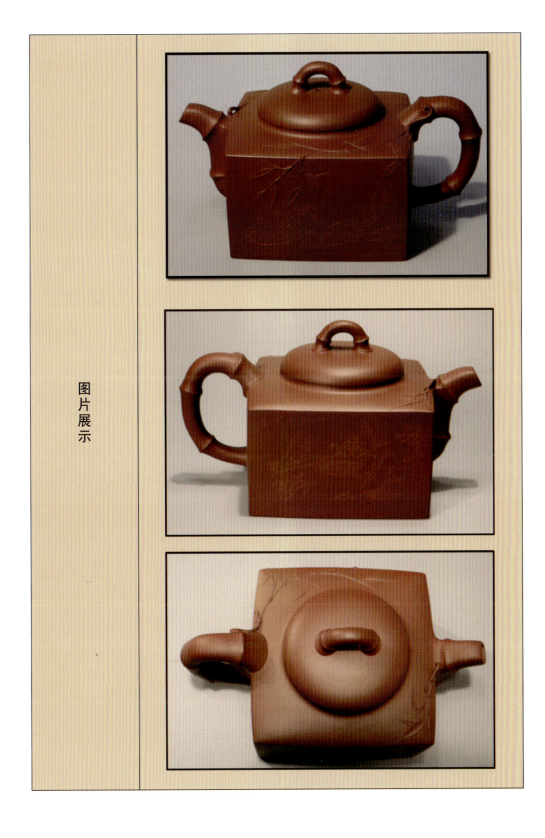

沈汉生制佛缘壶赏析		
赏析层次		**赏析**
第一层次	艺术创意	僧帽壶的首创是明代的时大彬，此壶是在原僧帽壶（高）的基础上改形创新的，故从形态上亦可称为僧帽壶（矮）。从两层圆形壶钮，至一层圆形壶盖，到一层圆形壶身，从上至下，从小至大，有意无意地隐含着四层圆形、八瓣飞檐（帽檐）的佛塔造型。 作者恰当而自然地把佛教的《心经》铭刻于僧帽上，赋予了具有佛教物品形态的僧帽以佛教精神的内涵，使得原素面僧帽壶顿时变得丰满起来，更具内涵。壶身铭刻突出"佛"和"缘"二字，意味着藏友收藏茗壶的同时也就结了"壶缘"、"佛缘"和"福缘"，岂不快哉。
第二层次	制作技艺	壶钮形似佛塔，八瓣帽檐形似塔的飞檐，沉稳但不显笨重。二弯短流和耳把张力十足，壶身圆润饱满。壶盖的小圆弧形与壶体的大圆壶形上下呼应，进一步增加了茗壶结构的稳定感和圆壶所特有的弧面美感。 帽檐根部与壶身的锐角连接与流、把和壶体的圆润自然连接形成鲜明对比，使得整个僧帽壶形体更加丰富和逼真，让人极易联想到《西游记》中唐僧的僧帽。
第三层次	文化内涵	正如艺术创意分析中所指出，此壶上看似自然的铭刻《心经》，其实很巧妙地赋予了原素面僧帽壶以厚重的佛教精神，使壶平添了内涵，使藏家平添了把玩和想象的空间。文人壶之所以是文人壶就在于藏友不光能从壶形之美获得美的享受，还能从壶的铭刻与装饰的寓意中获得心灵的愉悦和启发。
第四层次	使用功能	此壶容量为 450～500 毫升，适合 4～6 人饮茶，壶体稳重而不沉笨，壶把拿握舒服，壶盖与口沿咬合紧密，壶嘴出水流畅有力，作为一把高雅的文人壶的同时也不失为一把上佳的实用壶。
第五层次	紫砂材质	此壶选用黑泥老料，泥质细腻而温润，黑色用于制作佛缘壶更能体现茗壶庄严肃穆的主题意境。
茗壶作者介绍		沈汉生，字石羽，1946 年生，1959 年进宜兴紫砂工艺厂并拜任淦庭为师。现为正高级工艺美术师，江苏省工艺美术大师。主要作品有天泉壶、汉钟壶和佛缘壶等。

图片展示

贺洪梅制金蛇飞舞壶赏析		
赏析层次		赏析
第一层次	艺术创意	此壶是贺红梅所设计制作的十二把生肖壶之一，其他生肖壶大多只是在壶钮、壶嘴和壶把上局部地模仿生动物的形态，唯独这把壶整体、自然地表现了金蛇舞动的形态和动感。 　　据作者介绍，壶把下端的处理还是得益于她的师傅——国家级大师顾绍培先生的提醒，当初作者对壶把的处理做了多次修改仍不满意，遂拿着壶去请教师傅，顾绍培建议"可以把壶把下方脱离壶身"，这样壶把就被做成了飘逸的蛇尾，而恰恰是这个壶把下端与壶身的脱离处理使得整把壶都有了蛇的韵味和律动，使这把壶纵观从钮、盖、肩、身到壶底，或横看从嘴、肩、身到壶把都有不同的灵蛇的舞影。
第二层次	制作技艺	此壶的每一局部的制作都很精细，特别是壶钮做成一条盘踞的金蛇，无论是它威武昂起的蛇头，还是蜷缩成团的蛇身，直至通体的片片蛇鳞，处处都精雕细琢、栩栩如生。 　　壶把像蛇尾一样飘逸但暗蓄张力，与壶体的暗接过渡自然而圆润。壶身飘贴的一弯如意给壶增添了吉祥气氛，细部制作的精巧增添了壶的逼真和灵动，让人感到灵巧中隐含大气。
第三层次	文化内涵	生肖吉祥物蛇是此花塑器的主题，也是作者赋予此壶的文化意境。蛇自古以来就是民间具有灵气和仙韵的吉祥物，《白蛇传》的传说和《金蛇狂舞》的广东音乐在民间广泛流传，美化了人们对蛇的印象。 　　此壶在被植入蛇文化意境后，就不仅是一把造型逼真、做工精细的手工制作的蛇生肖壶，同时也是一把给藏友留有文化审美和联想空间的艺术品。
第四层次	使用功能	此壶容量为350~400毫升，适合3~4人饮茶。壶体轻巧，壶把拿握舒适，壶盖与壶口沿咬合紧密，无随意落帽之忧，壶嘴小巧玲珑，出水利落。整把壶使用起来方便应手。
第五层次	紫砂材质	泥料为黄金段泥，颗粒度粗细适中，泥质优良，手感舒适，此种泥料的选用对蛇生肖壶的创意实现颇有加分。
茗壶作者介绍		贺洪梅，女，1971年生，1989年开始学艺并拜国家级大师顾绍培为师，现为高级工艺美术师。主要作品有江南水乡壶、五福临门壶和十二生肖壶等。

图片展示

五十二把茗壶赏析

本部分是笔者对自己所收藏的五十二把茗壶的赏析，分为圆壶、方壶、筋纹壶、仿生壶（花塑器）四个部分。

圆壶

韩小虎制天际壶

朱建伟制道法自然壶（小石瓢）

朱建伟制镶金六禄大顺壶

朱建伟制茶亦醉人壶

史永棠制一洞天壶

陈宏林制五虎井栏壶

陈顺培制福鼎壶

陈顺培制福桥壶（系列三）

王福君制漱泉壶

谭晓燕制平盖莲子壶

束旦生制葵缘含韵壶

李伟制君子壶

何忍群制信钟壶

咸仲英制心经祥和壶

沈俊制一品红壶

陈正初制紫韵（掇只）壶

冯伟清制大石瓢壶

汤先武制水滴石穿壶

贺红梅制曼生提梁壶

丁梅芳制扁水平壶

朱丹制井栏壶

孔小明制金钱豹韵壶

施昌制夏壶（美人肩）

范泽锋（款）乳钉壶

蒯良荣制笠荫壶

王六初制曲壶

茗壶简介	天际壶	
	制壶及泥绘	韩小虎（艺名一指，正高级工艺美术师，江苏省陶瓷艺术名人）
	泥料	紫泥
	容量	约 480 毫升

赏析：

天际壶系中国工艺美术大师吕尧臣首创壶型，造型设计和装饰均需紧扣李白的诗句"唯见长江天际流"，作者将原作壶把改为倒耳把，在增加了壶的结构张力的同时，使整把壶有了向壶嘴所指前上方仰望的意境，强化了天际壶的创意。

柱形钮，曲面微凸的壶盖，短直流，倒耳把，各个局部与壶主体的衔接自然圆滑，气韵通畅，浑然一体。

壶体一面用写意技法泥绘了一幅微型江流、渔舟、柳岸和亭台风景图，彰显了作者在均陶领域积累多年的美术及泥绘功力。壶体另一面用泥绘行书笔法刻录了一首唐朝诗人崔元翰的诗："含风摇砚冰，带雨拂墙衣，乍似秋江上，渔家半掩扉。"江流辽阔，堤岸恬静，书法悠然，真乃一幅颇具玩味的壶中诗画。

茗壶简介	道法自然壶（小石瓢）	
	制壶及铭刻	朱建伟（正高级工艺美术师，江苏省工艺美术大师）
	泥料	大红袍
	容量	约125毫升

赏析：

此壶型为梨式水平壶，也可称为梨形石瓢壶，该类壶的基本壶型早期由清代水平壶名家惠孟臣所创。

桥钮，欠半球形壶盖，烟斗形三弯流，耳形端把，上小下大的金字塔形壶身，各部件做工精湛，纤巧可爱；壶钮、流、把与壶主体的连接自然圆润，整把壶曲线柔和，气韵贯通。

壶作者选用了优质朱泥，泥质细腻但有明显颗粒感，入手抚摸相当舒服，烧制火候控制恰到好处，使其朱红色浓郁而纯正（朱泥要做到红色鲜艳且浓郁，对泥料品种和烧制控制均要求较高）。壶身两侧分别铭刻老子的《道德经》名句"人法地，地法天，天法道，道法自然"，书法及铭刻朴实无华，简洁有力。小小茗壶，载博大道法，值得细细品玩。

茗壶简介	镶金六禄大顺壶	
	制壶及铭刻	朱建伟（正高级工艺美术师，江苏省工艺美术大师）
	泥料	拼紫泥、清水泥
	容量	约800毫升

赏析：

　　此壶型是在清代杨彭年、陈曼生所制半球壶的基础上创新而成。壶嘴、壶把与壶体的连接处不是采取惯用的平滑暗接方式，而是模拟了嫩竹破土而出的状态进行连接，惟妙惟肖。采用清水泥捏制的竹节形的一弯嘴和耳型端把显得风骨嶙峋、张力十足，与半球壶体的圆润饱满形成对比，提升了茗壶的精神和气度。

　　壶钮为一只跪地仰望天空祈祷的小梅花鹿。"竹"含有"祝福"之意；"鹿"，谐音"六"，意指"六六大顺"。壶身镶嵌的金字为"六禄大顺"。整把壶包含了作者对美好生活的向往以及对茗壶藏友的真诚祝福。从制作技艺看，双色泥和金丝镶嵌的应用是壶作者在这把壶制作上的两大特色。

　　"镶金六禄大顺壶"获2007年东方工艺美术之都博览会金奖，并在故宫博物院陈列展出。

茗壶简介	茶亦醉人壶	
	制壶及铭刻	朱建伟（正高级工艺美术师,江苏省工艺美术大师）
	泥料	原矿清水泥
	容量	约 420 毫升

赏析：

此壶是朱建伟的创新壶型，带有传炉壶（制壶名家俞国良的代表作）的影子，但传炉壶近似方壶，寓圆于方，此壶却似圆壶，寓方于圆。

此壶俯视图和正视图都是不规则的椭圆，小小桥钮，略带曲面的嵌盖完美地保持了壶的整体大弧面，粗而短的流显得朴拙而谐趣。壶钮、壶流和壶把与壶主体的衔接天衣无缝、圆润和谐，堪称气韵贯通之典范。

壶体一面刻李白醉酒图和杜甫《饮中八仙歌》中的四句诗"李白斗酒诗百篇，长安市上酒家眠。天子呼来不上船，自称臣是酒中仙"。另一面刻清代醉月山人《狐狸缘全传》中著名诗句"茶亦醉人何须酒，书自香我何须花"的前半句，并以"茶亦醉人"四字命名此壶。壶型设计和刻绘装饰协调一致、浑然一体，给人以朴拙中寓趣味，规整中含豪放的感觉。此壶为2008年11月第11届中国（国家级）工艺美术大师精品博览会的金奖作品。

茗壶简介	一洞天壶	
	制壶及铭刻	史永棠（工艺美术师，师从中国工艺美术大师徐汉棠）
	泥料	原矿清水泥
	容量	约 220 毫升

赏析：

　　此壶为史永棠创新壶型，乳形壶嘴有水平壶大类中文旦壶壶嘴的小巧、柔和及秀美，壶盖似从牛盖莲子壶演变而来，但巧妙地将原牛盖的牛鼻子化成了一个手指大小的圆洞，构成了该壶独特的"洞形纽"。可以想象蹲在壶中的一只小青蛙从壶底能透过气孔和盖洞直接看到外面的天空，因而壶名定为"一洞天"也颇为贴切。

　　壶型创意新颖，壶体简约而美观。半球曲面的洞形壶盖与壶肩平交，壶嘴圆滑无痕地过渡到壶肩，从壶肩再向右延伸过渡到内外均呈圆形的端把，各部件与壶体间衔接自然，气韵贯通。整把壶灵巧而有趣。

茗壶简介	五虎井栏壶	
	制壶及铭刻	陈宏林（高级工艺美术师，师承中国陶瓷艺术大师徐安碧）
	泥料	黄金段泥
	容量	约 600 毫升

赏析：

　　此壶为传统壶形但在铭刻装饰上有所创新。陈宏林在壶身上刻绘了五只形态各异、栩栩如生的猛虎，五虎图谐音"五福图"，寓意多福吉祥。该五虎图不论从美术还是从铭刻的角度看都具备相当的功力。

　　陈宏林先师从江苏省制壶大师蒋新安，后师从国家级陶瓷艺术大师徐安碧，在书法和刻绘方面的素养不断提高。陈宏林前期主要为其他壶作者的作品做陶刻，近年来自己制作的作品逐渐增多，是目前宜兴紫砂领域中不多见的集书法、刻绘和制壶技艺于一身的中青年后起之秀。

茗壶简介	福鼎壶	
	制壶	陈顺培（高级工艺美术师，师从江苏省陶瓷艺术名人王福君）
	铭刻	徐安碧（正高级工艺美术师，中国陶瓷艺术大师）
	泥料	紫泥
	容量	480 毫升

赏析：

　　此福鼎壶是陈顺培的创新壶型，传统壶型为乳鼎壶，但形态为上小下大。两种壶均有仿照商周铜鼎的影子，福鼎壶在壶体形态、流、把和钮的处理上更加硬朗。顶部小钮，曲面凸起的压盖，盖沿、口、颈部装饰了细细的回纹，烟斗状三弯流很短但张力十足。圆耳把，壶胸、壶腹饱满，气度不凡，配以三鼎足，整把壶具有古鼎的庄重和威严气势，让人很容易联想到宫殿的古鼎。

　　壶的一面空刻了叶圣陶先生的长子叶至善写的勉志联"得失塞翁马，襟怀孺子牛"，另一面则空刻了"涤烦解渴"四字。书法和铭刻由国家级陶瓷大师徐安碧（徐先生在美术和书法方面均有较深造诣）完成，书法和刀法刚劲有力、独成一家。

茗壶简介	福桥壶（系列三）	
	制壶	陈顺培（高级工艺美术师）
	铭刻	林振良（民间陶刻师）
	泥料	底槽青
	容量	400 毫升

赏析：

此壶为陈顺培创新壶型，长平桥钮，曲面凸起的压盖，矮颈、宽肩、短流，圆耳把，立平的直腹下部收小成碗状，圈足，壶的各部分均无奇异之处，但做工精湛，衔接自然，骨肉停匀。整把壶四平八稳，温文尔雅，平常中隐现君子之风。

壶腹铭刻的是唐代刘禹锡的《陋室铭》"山不在高，有仙则名。水不在深，有龙则灵"两句。刻绘人林振良为民间实力陶刻艺人，刀法流畅自如，挥洒有力。《陋室铭》所抒发之诗人胸襟情怀与此壶型体现的风格十分契合。

茗壶简介	漱泉壶	
	制壶	王福君（正高级工艺美术师，江苏省陶瓷艺术名人）
	装饰	陈宏林（高级工艺美术师）
	泥料	暖玉沙（王福君独有的特色泥料）
	容量	450毫升

赏析：

此壶型依传统掇球壶（壶钮、壶盖和壶身分别由三个不同大小的球形叠摞而成）创新而来。钮这个小圆保持了传统形态不变；盖这个中圆有较大变化，作者将原压盖和颈口的上下子母线去除，在壶肩凸起的直颈上简洁地平压了一个丰满的半圆盖（类似于顾景舟大师制作的华颖壶的壶盖）；壶腹的大圆变得上小下大，重心下沉，配合壶身重心下沉的设计，常规耳把改为了倒耳把。这种设计的改变在传统掇球壶的几何对称美和突出圆润美的形态特征上，平添了几分朴拙和谐趣的韵味。

壶腹的一面清刻了一幅传统山水画，另一面清刻了茶诗"茶香清客梦，泉洁怡君情"，刻绘、书法与茶诗一样令人感觉自然、清新、舒服。

此壶的泥料是一大亮点，"暖玉沙"是王福君多年研究调制的一种特别的紫砂料，用它所制的壶更轻、更透气（等于强化了紫砂壶透气不透水的基本特征）。取此壶和另一常规底槽青泥料且同等容量的壶泡上茶对比，此壶透过壶体溢出的汤气明显更多，特别是在壶体上轻轻浇上些许热茶汤，腾起袅袅气雾，令人心旷神怡！

茗壶简介	平盖莲子壶	
	制壶及铭刻	谭晓燕（工艺美术师）
	书法及绘画	谭泉海（正高级工艺美术师，中国工艺美术大师，系谭晓燕之父，已故）
	泥料	原矿清水泥
	容量	420毫升

赏析：

　　早期的莲子壶是模仿自然界莲子的形态，后来艺人们逐渐创新出"如意莲子壶""牛盖莲子壶"和"平盖莲子壶"。平盖莲子壶由清代申锡首创，当时除了盖从半圆体改为平盖以外，壶的整体还是莲子状。相比申锡的壶型，此平盖莲子壶变化较大：壶嘴、壶钮和壶把改为竹节状，壶肩、腹和底改为倒置的碗状，整体造型基本脱离了原有莲子壶的俏丽形状，显得稳定、肃穆、古朴。

　　此壶的一大亮点为刻绘装饰，绘画和书法为谭晓燕的父亲谭泉海所作，其以大篆体刻绘了"清思怀德"四个字。谭泉海是紫砂七老之一任淦庭亲传弟子中的佼佼者，绘画和书法均有大家风范，谭晓燕的刻绘应该是在谭大师的监制下完成的，用清刻将其父的绘画和书法风格栩栩如生地再现出来，颇具把玩价值。

茗壶简介	葵缘含韵壶	
	制壶	束旦生（正高级工艺美术师，江苏省陶瓷艺术大师）
	泥料	紫泥
	容量	450 毫升

赏析：

壶作者是紫砂七老之一任淦庭的亲传弟子，书画刻绘是其长项，制壶技艺也是功底深厚。

此壶为光器，依传统的"掇只壶"创新而来，除了壶盖和壶肩处抽象地（不像花塑器那样追求具象的、逼真的模拟）表现了葵花韵味外，无任何书画刻绘和花哨装饰，完全靠壶形设计本身的优美、整体审美的功力、做工的精湛以及泥料的选择和锤炼取胜。

葵花花蕊状的壶纽，烟斗形的三弯流，美人叉腰态收官的耳把，九片葵花瓣拼成的圆润的壶肩，不胖不瘦且凹凸有致的壶腹，共同构成了茗壶匀称优美的姿态。茗壶各部分连接自然，气韵贯通，骨肉停匀，俊秀中又隐含了几分朴拙之美。

茗壶简介	君子壶	
	制壶	李伟（极具才华的青年工艺美术师，2012 年因车祸不幸英年早逝）
	铭刻	范曾（著名画家、书法家）
	泥料	清水泥
	容量	400 毫升

赏析：

本作品为创新壶型（略带有顾景舟先生所制"云肩如意壶"的影子），整体造型沉稳、大气、优美。各部位衔接协调、舒服。桥纽、短流和圆耳把的明接方式似乎代表君子坦坦荡荡的品格。稍稍下沉于颈沿内的壶盖好像在隐示谦谦君子的低调内敛。饱满圆润的鼓腹突显了君子宽宏的肚量。微微外飘的三鼎足平添了整体的稳定性。自上而下，从桥纽过渡到盖、肩、腹直至外飘的鼎足，隐含着三段"S"形弧线，构成了壶的气韵连贯之美。

壶腹的一面由著名书画家范曾题书并铭刻"烹茶听雪"四字，另一面由范曾刻绘一幅写意的山间烹茶图，寥寥数笔，意趣盎然。清水泥的泥色纯正鲜亮，整把壶让人一见倾心、爱不释手。

茗壶简介	信钟壶	
	制壶及铭刻	何忍群（正高级工艺美术师，江苏省陶瓷艺术名人）
	泥料	底槽青
	容量	550 毫升

赏析：

此壶是在顾景舟先生所制"醒钟壶"的基础上创新设计而成的。与原壶相比，此壶整体进一步升高，从壶肩到圈足直径逐渐收缩的幅度更明显，上大下小的曲线弧度更大，弧线更悠长，流从原秀巧的直流变为强调弧度的三弯流，长耳把的上端抬升到平肩之上，进一步增强了整体"上大下小"的弧线特征。整体风格从"醒钟壶"的简洁、秀美转变为"信钟壶"的豪放、挺拔。

壶腹上空刻了一幅教子图和一首李白的《静夜思》。壶作者何忍群，号壶公，先后师从沈汉生、咸仲英等紫砂大师，是紫砂七老之一任淦庭的第二代弟子中的佼佼者，其书画及刻绘功力颇深，特别值得一提的是其草书书法行云流水但无华而不实之嫌，自成一体，颇具大家风范。

茗壶简介	心经祥和壶	
	制壶及铭刻	咸仲英（正高级工艺美术师，江苏省工艺美术大师）
	泥料	底槽青
	容量	380 毫升

赏析：

　　该壶为咸仲英先生的创新壶型，壶钮的形状像一个微缩的壶身（壶盖以下部分），与壶身形成大与小、上与下的呼应，增加了上下多平面堆叠的层次感，像一个圆形的多层的溢水池。短流上部的接出方式、接出位置及形状，与耳把上部的接出方式、接出位置和形状相似，强化了从壶肩处向左右两侧延伸的对称感和协调感，增强了壶气韵贯通、对称稳定的感觉。

　　壶腹用楷书清刻了完整的《心经》。咸仲英先生为紫砂七老之一任淦庭大师的第一代亲传弟子，紫砂刻绘功力一流。可以想见壶作者以70多岁高龄在小小壶腹上以工整小楷不疾不徐地刻绘260字的《心经》全文时，必定是先进入了祥和的忘我境界，因此此壶的特色刻绘实属弥足珍贵。

茗壶简介	一品红壶	
	制壶及装饰	沈俊（中青年实力制壶艺人）
	监制	沈汉生（正高级工艺美术师，江苏省工艺美术大师，沈俊之父）
	泥料	紫泥
	容量	520毫升

赏析：

　　一品红壶系沈俊从传统的虚扁壶创新而来，其将原虚扁壶上凸的压盖改为了喇叭形嵌盖，喇叭形嵌盖的细端部镶有一朱泥圆珠作钮，盖与钮融合后极像一顶清代一品大员的官帽。壶盖的上提、抽细、内凹与肩的超常规外延凸起形成呼应对比，增加了壶的美感，构成了壶的特色。

　　做官要做到一品大员，做人做事要做到极致，这正是茗壶设计者传递给我们的正能量寓意。

　　壶作者沈俊，沈汉生大师之子，不仅壶艺扎实而且作品个性鲜明。双色泥装饰的梅花是沈家壶的特色，沈俊不仅发扬了沈家壶的特色，而且在开发新壶及新工艺上卓有成效，其作品在业界和藏友中颇具声誉。

茗壶简介	紫韵（掇只）壶	
	制壶	陈正初（高级工艺美术师）
	泥料	紫泥
	容量	450 毫升

赏析：

这把壶是带有何氏（何道洪）风格的掇只壶，在传统掇只壶的简洁美、对称美、清秀美的基础上增添了几分粗犷、谐趣和拙朴之美。

泥料是此壶的又一亮点，老紫泥经沉淀和锤炼到了相当的程度，使得烧制出的新壶稍一使用，就显露出类似多年养出的温润和光泽（本人当初收藏此壶在很大程度上也是由于喜欢这款泥料的润泽质地）。

壶作者是实力派艺人，制壶工艺精湛，但在壶型的设计和创新方面应该还有进一步提升的空间。360度细细品此壶，制作工艺完美无瑕。

茗壶简介	大石瓢壶	
	制壶	冯伟清（宜兴实力民间艺人）
	泥料	紫泥
	容量	600 毫升

赏析：

　　石瓢壶最早由杨彭年与陈曼生创制，早期称为"曼生石铫"。后杨彭年与崔应绍（字子冶）合作所制"子冶石瓢"更具特色、更有名气。虽然后代艺人所制石瓢壶延伸变化的壶型不少，但以顾景舟与画家吴湖帆合作的石瓢壶最为著名，称"景舟石瓢"。后逐渐形成"子冶石瓢"和"景舟石瓢"两大典型类别。

　　此壶系"景舟石瓢"壶型，容量为石瓢中的大品。壶的制作线面衔接圆润自然。圆筒形的短直嘴出水顺畅有力、壶肩和壶腹融为一体，壶腹微微凸起，饱满但不臃肿。从桥纽到底部呈圆金字塔形，配以三鼎足后更显沉稳大气。

茗壶简介	水滴石穿壶	
	制壶	汤先武（工艺美术师）
	泥料	底槽青
	容量	285 毫升

赏析：

此壶为创新壶型，有传统虚扁壶的影子。从水滴状壶纽，到嵌入式喇叭形壶盖，圆润的壶肩，饱满的壶腹，俊秀的圈足，所有线面均过渡圆润，骨肉停匀，像水鸟从水中垂直飞出瞬间带起的一滴水珠的定格特写，或像钟乳石岩洞中的一滴乳汁落地扩散瞬间的慢镜头回放。

短直流和传统耳把从壶肩左右方向的接出过渡自然，与壶钮的造型相互呼应，浑然一体，整把壶从上至下，从左向右气韵贯通，一气呵成。从设计到制作工艺，该壶处处体现出清新天然、秀丽圆润之美。

茗壶简介	曼生提梁壶	
	制壶	贺洪梅（高级工艺美术师）
	铭刻	范小君（高级工艺美术师）
	泥料	段泥
	容量	330毫升

赏析：

此壶型是陈曼生根据宋代周禾童送给苏轼的铜壶壶型改用紫砂为材料而创作，原称"曼生石铫"，"铫"在《辞海》中释为"吊子，一种有柄、有流的小烹器"。

这种壶型中比较有名的是周桂珍大师仿曼生壶型而创的"大曼生提梁壶"，由红学家冯其庸书、徐秀棠刻的李一氓先生的赠诗："世事从来假复真，大千俱是梦中人。一灯如豆抛红泪，百口飘零系紫城。宝玉通灵踪故园，奇书不胫出都门。小生也是多情者，白酒三杯吊旧村。"

此壶做工精湛，壶盖凸起的弧度与壶腹微凸的弧度相呼应，整体感觉精致而大气，秀丽而饱满。刻绘装饰是由宜兴实力派青年工艺师范小君刻绘的《春华秋实图》，画面布局优美，刀工清雅，文气十足。

茗壶简介	扁水平壶	
	制壶及铭刻	丁梅芳（宜兴实力民间艺人）
	泥料	大红袍
	容量	180 毫升

赏析：

此壶为传统虚扁壶和传统水平壶融合后形成的创新壶型，在容量和使用功能上更靠近传统水平壶，在流、把、肩、腹及整体造型方面更靠近传统虚扁壶。

此壶虽为小品壶，但做工精致。钮、流和把等各部分衔接流畅，气韵贯通。肩、胸和腹圆润饱满，骨肉停匀，整体感觉是茗壶虽小而气度不凡。

所用朱泥色泽鲜正（目前市面上的朱泥壶之泥色大都偏暗淡），细腻中隐含恰如其分的颗粒度，质感敦厚。

茗壶简介	井栏壶	
	制壶	朱丹（艺名龙溪女，高级工艺美术师，江苏省工艺美术名人）
	铭刻	艺林（真名林超，民间实力艺人）
	泥料	黄金段泥
	容量	300 毫升

赏析：

　　井栏壶为传统壶型，为"曼生18式"之一。它的造型灵感来自原位于江苏溧阳零陵寺、现迁到溧阳凤凰公园内的一口唐代古井。朱丹的精心制作，突出了女性艺人对细节处理的细腻，如壶钮、流和壶把接出处更加自然，更加圆润，更加气韵贯通。整把壶显出朱丹壶的特色，即纤巧、秀丽而不失大气。

　　所选泥料色泽鲜亮而不失稳重。泥质细腻、润泽又有颗粒度的质感。古诗（是唐代石井上的原有诗文）刻绘所采用的隶书书法流畅优美，刻绘刀法流畅、有力。

茗壶简介	金钱豹韵壶	
	制壶	孔小明（高级工艺美术师）
	装饰	孔小明
	泥料	清水泥、黑泥
	容量	450毫升

赏析：

壶作者孔小明为"孔家壶"主创艺人，其创作初期受到潘持平大师指点并受吕尧臣大师作品风格影响，善于运用双色泥糅合制壶，如紫黑色泥加暗红色泥（或深棕色泥）。其绞泥手法在吕氏基础上又有创新，此壶仿佛是将紫黑色波浪形绞泥进一步绞碎了，但每个碎片相互间又没有粘连，不免令人拍案叫绝。孔家壶之壶型风格庄重、深沉、古朴，以方壶为主，兼制圆壶。

此壶型是在陈曼生、杨彭年制半球壶（现藏于南京博物馆）的基础上创新而来。壶钮、盖、颈、流和壶把都有创新。流和把的曲线设计遥相呼应，展现出卧豹翘首卷尾、蓄势待发之气势。挺拔的壶肩、平收的壶腹及大圆底加强了壶的稳重感，与壶流和壶把的灵动感形成对比。

壶的平盖上阳刻了"乾隆通宝"四字，意为"财运亨通"。笔者以为"金钱豹"与"财运"挂钩有些牵强，不如铭刻与豹的勇猛、敏捷之秉性相关的古诗或题字更加贴近壶的立意。

茗壶简介	夏壶（美人肩）	
	制壶	施昌（助理工艺美术师）
	装饰	施昌
	泥料	段泥
	容量	500 毫升

赏析：

此壶型依传统"美人肩"壶演化而来，其突出特点是泥绘装饰。

壶作者今年26岁，16岁时便师从紫砂泥绘装饰名家张志清先生，并得其真传。其在传承师门风格的同时，形成了自己的个性。他的作品近年来屡获大奖，可谓是紫砂壶泥绘装饰界的一颗新星。

此壶泥绘装饰布局精妙，用色浓淡相宜，山水细腻逼真。壶腹360度的泥绘装饰是一幅独具特色的风景画，在传统中国画写意的基础上又揉入了西洋油画的写实风格。江面船帆点点，两岸垂柳依依，捧壶细赏，会不由自主地融入李白诗句"孤帆远影碧空尽，唯见长江天际流"所描绘的长江之夏的广阔、空灵、优美的意境中。

茗壶简介	乳钉壶	
	制壶	范泽锋款（正高级工艺美术师，江苏省陶瓷艺术大师）
	泥料	紫泥
	容量	580 毫升

赏析：

乳钉壶原型为杨彭年、陈曼生首创，是"曼生18式"之一。此壶将原有的三只乳鼎足改成一捺底，提升了乳状壶盖的曲度，使整把壶更突显了乳钉壶圆润和丰满的特征。

壶腹的一面以熟练的手法铭刻了传统的江流村廓图：江的彼岸为遥远的山峦，江的近侧为村廓、茅舍和房前屋后的树丛，江面上随风漂流着几叶渔舟，一派悠然的景致。壶腹的另一面以中规中矩而又不失流畅的行书笔法铭刻了当代著名书法家启功先生的茶联"若能杯水如名淡，应信春茶比酒香"。

此壶造型优美、肩胸挺拔，各部位过渡圆润自然、骨肉停匀、收放自如，捏制工艺精湛老到，全壶360度无任何瑕疵。

茗壶简介	笠荫壶	
	制壶	蒯良荣（宜兴实力民间艺人）
	泥料	段泥（高温窑变）
	容量	180 毫升

赏析：

此壶型为清代杨彭年、陈曼生首创，原壶为杨彭年制壶，陈曼生铭刻，现藏于画家唐云处。

壶身铭文为：笠荫暍（读yē，是中暑的意思）茶去渴，是二是一，我佛无说。铭文的意思是斗笠能遮阴去暑，喝茶水能解渴，对于人的需求来说，这是两回事还是一回事呢，佛祖未说，自己去体会吧！诙谐而耐人寻味。

蒯良荣是宜兴无职称著名实力艺人，以精选优质段泥泥料、祖传全手工制壶和高温烧制段泥窑变为其紫砂壶艺之三绝。据说他的每把壶在烧制过程中至少要八次进窑、八次出窑才能达到窑变效果。

此壶在制作上充分体现了老艺人对壶形的熟练把握和精湛的捏制工艺，壶的各部分匀称，整体凸显出丰满和韵味。铭文的行书书法规整、洒脱、有力。

茗壶简介	曲壶	
	制壶	王六初（工艺美术师）
	泥料	清水泥
	容量	600 毫升

赏析：

曲壶原型系清华大学美术学院张守智教授于20世纪80年代中期创新设计（在当时被业界认为在设计上有突破性成就），其设计灵感来源于蜗牛的形态，一条曲线圆滑顺畅地贯穿全壶。此设计由国家级壶艺大师汪寅仙（2018年初逝世，但在制作曲壶时正值中年，壶艺炉火纯青）首次制作成壶。

可以想象，从壶嘴上端部画一根线沿着壶流的上表面中线，经提梁的外表面中线，至壶体中线、壶底中线，再回到壶嘴的下端部，最终该曲线的线头、线尾在壶嘴上端部重合。壶的各个部件圆润衔接，一气呵成，巧妙地展示了曲面流动的轮廓美。

这把壶的作者职称虽仅为工艺美术师，但先后师从国家级大师葛军和省级大师顾道荣，制壶实力相当扎实、深厚。此壶整体形态的润美和精湛细节亦充分体现了其制壶的实力和特色。

方壶

王涛制卧虎藏龙壶

周志良制菱花方壶

周志良制桥顶四方壶

周志良制八方壶

周志良制六方宫灯壶

周志良制八方提梁壶

陈顺培制马四方对壶

踪德林紫砂作坊制大彬六方（四君子）壶

陈伟制山水方壶

陈惠红制财源滚滚壶

顾洪军制金榜题名壶

茗壶简介	卧虎藏龙壶	
	制壶	王涛（正高级工艺美术师）
	铭刻	王涛
	泥料	紫泥
	容量	480毫升

赏析：

　　此壶型是在陈曼生、杨彭年所制半球壶（现藏于南京博物馆）的基础上拓展而来，制作者更多地糅入了方壶形态，方中有圆，圆中寓方。此壶壶肩挺拔，壶腹垂直平收，壶流、壶把与壶身结合处过渡自然、圆润，整把壶带有商周铜鼎的平稳、威严的气势。笔者觉得整把壶的各部分造型均佳，唯一尚可商榷优化的是壶的底足设计。

　　壶腹一周刻绘了完整的三十六计名称，隶书的笔法和刻绘流畅自然，功力不凡。壶钮造型是一只瘦骨嶙峋、饥肠辘辘、蓄势待发的猛虎，壶盖内塑有一条栩栩如生、动感十足、威风凛凛的苍龙。壶顶卧虎，盖内藏龙，气势恢宏！

茗壶简介	菱花方壶	
	制壶	周志良（工艺美术师）
	泥料	紫泥
	容量	420 毫升

赏析：

　　此壶型是明代壶艺家陈信卿首创。壶作者在此虽为仿制，但其制壶工艺精湛，小壶钮方中寓圆，壶盖上的四瓣菱花饱满逼真，壶钮至底足各部分层次清晰，比例精准协调，肩胸挺拔圆润，壶腹收缩自然饱满，腹部突出的方框与壶盖的四瓣菱花上下呼应。壶体方中有圆，圆中寓方，壶盖、壶体的圆润饱满与壶流、壶把的风骨嶙峋构成逆向呼应，使茗壶的特色更加鲜明。

　　据说作者早年曾做过木匠，对几何尺寸及造型比例的把握，基本功非常扎实，这一点可从本书收录的壶作者的后续几把壶中看出。唯一美中不足的是本作品仅仅为仿制明代壶型，缺乏属于作者的创新点。

茗壶简介	桥顶四方壶	
	制壶	周志良（工艺美术师）
	泥料	底槽青
	容量	420毫升

赏析：

桥顶四方壶是清代艺人铭远（非陈鸣远）首创的传统壶型（原壶现存于宜兴陶瓷博物馆）。制作者对壶把做了创新，使壶向左右方向延伸的曲线更加协调，气韵更加贯通。从壶钮、壶盖、壶颈、壶肩、壶腹至底足，线面过渡自然而又层次清晰。三弯流和创新的异形耳把从壶身圆滑地拔出，增加了整把茗壶形体的优美度。壶颈内收，壶肩微鼓，壶腹垂直并稍稍外凸，平缓过渡直至方足，这种颈、肩、腹和底足之间恰如其分的协调过渡，使此壶比原壶整体更显精神、大气。

无论是茗壶各部件的几何尺寸的把握，还是线面曲度变化及制作工艺细节，此壶均达到较高水平。

茗壶简介	八方壶	
	制壶	周志良（工艺美术师）
	泥料	底槽青
	容量	450 毫升

赏析：

八方壶系近代壶艺家沈孝鹿（1908—1968）首创。此壶虽为仿制沈先生的壶型，但壶作者充分发挥其深厚的制壶技艺，除了准确地再现原壶整体的创意外，还在壶盖和壶肩的弧度拿捏上有所创新，从而增强了壶的精神、气度和优美感。

壶钮、壶盖及壶肩的凸起弧面弧度适中，圆润饱满，由小到大三个层面相互呼应，增添了茗壶优美挺拔的韵味。从壶钮到壶盖、壶颈、壶肩、壶腹的多层八瓣曲面轮廓清晰，线面规整，过渡自然，并且同格调曲面继续从壶体拔出，在左右两侧的壶流和壶把上延伸开去，缓缓收于壶嘴和壶把下端，使茗壶浑然一体，更显硬朗而美观。

茗壶简介	六方宫灯壶	
	制壶	周志良（工艺美术师）
	泥料	底槽青
	容量	480毫升

赏析：

据传此壶依照传统古典壶型创新而来，但笔者暂未查到明、清或中华民国时期的比较类似的传统壶的首创年代和首创作者。

如前所述，壶作者虽然职称不高，但方壶的制壶技艺实属一流。此壶依照古代宫廷的六方宫灯变形而来，充分发挥和利用了紫砂泥的良好可塑性，恰到好处地捏制出远比金属骨架或竹枝骨架的宫灯更优美、更柔和的紫砂宫灯壶，同时又不失方器阳刚有力的六方多片曲面壶体。从壶钮向下，钮与盖有过渡层。壶盖本身有三层，壶颈层，壶肩、胸、腹合为一层，直到壶的底足共八层。六方、多曲面之间实现了完美的过渡衔接。壶流和壶把也以六方造型左右延伸，与壶体六方之间形成协调呼应，增加了整体的挺括流畅感。特别是壶肩和壶胸挺拔，壶腹大曲度收敛，隆起和凹陷曲度拿捏恰如其分，更显出茗壶整体的精神饱满、优美大度。

做出一件方器不难，但要做到六方、多曲面均能骨肉停匀、圆润衔接，使其在阳刚中又自然地蕴含着圆润优美，这就不是一般艺人能达到的水平了。笔者以为，不管此壶的创新度有多大，它已是六方壶中难得的佼佼之作。

茗壶简介	八方提梁壶	
	制壶	周志良（工艺美术师）
	泥料	底槽青
	容量	450毫升

赏析：

　　此壶是在八方壶的基础上创新而成的提梁壶型。与前述壶作者所制的八方壶有共同特征，即几何比例规整得体，各线面、各部件均做工精湛。360度细赏，找不到丝毫工艺制作瑕疵，方壶的阳刚之气一览无余，是一把中规中矩、做工精湛的八方提梁壶。但相比而言，笔者更欣赏壶作者所制八方壶的方中寓圆、刚中蕴柔的风韵。

茗壶简介	马四方对壶	
	制壶	陈顺培（高级工艺美术师）
	铭刻	金田（民间实力陶刻师）
	泥料	段泥、底槽青
	容量	左壶 320 毫升，右壶 420 毫升

赏析：

此壶依照传统的覆斗方壶变化创新而来。壶钮呈马鞍形，无壶颈，壶盖与直角壶肩的平折面位于同一微凸曲平面上。直角壶肩的立折面与壶胸、壶腹位于同一微凹曲立面上。微凸曲平面与微凹曲立面相互呼应，构成俊朗、秀丽的壶体。壶流像半弯的手臂左伸，壶把像叉腰的手臂右延，在构成必要的功能部件的同时又呈现出茗壶优雅闲逸的神态。

小段泥壶的壶身上铭刻了清代诗人金圣叹的《三吴》诗："三吴二月万株花，花里开门处处斜。十五女儿全不解，逢人轻易便留茶。"底槽青大壶的壶身上铭刻了李白的《秋登宣城谢朓北楼》诗的后两句："人烟寒橘柚，秋色老梧桐。谁念北楼上，临风怀谢公。"

宜兴实力紫砂刻绘艺人金田完成了壶体两面的刻绘装饰，小壶的一面为典型的村廓山水图，与另一面的《三吴》诗文呼应。大壶的一面为写意江流图，与李白《秋登宣城谢朓北楼》诗文呼应。限于壶体尺寸，所刻画面一般，以写意为主，但刻绘者的行书书法和刻绘刀法严谨，清秀自然。

茗壶简介	大彬六方（四君子）壶	
	制壶及装饰	踪德林（紫砂作坊名）
	泥料	老紫泥
	容量	450毫升

赏析：

此壶依照明代制壶大师时大彬的六方壶变化而来，在保留了原作壶肩以上为圆形，壶肩以下为方形的主体形态基础上，壶作者对壶钮和壶肩圆、方过渡段的形态略作创新，并在壶体四个空白立面上增加了梅、兰、竹、菊四君子泥绘装饰，因而壶的整体形态更自然，内容更加丰富。

大彬六方原型壶现存于扬州博物馆，是用泥片镶接方式制作而成，其舍弃了早期木模成型的手法，并从粗泥调砂过渡到试用紫砂细泥。该壶记录了明代紫砂壶制作工艺的重要变迁，可惜的是该壶由于烧制火候未控制好，细节未能体现时大彬的真实壶艺水平。

此壶的几何形体虽为仿制，但点、线、面周正规范，从柱形壶钮、圆形压盖、短圆颈，到带有过渡斜面的六方肩，至垂直但渐渐收敛的胸腹，以及从壶胸延伸的六方形壶流和从壶肩拔出的四方形壶把，各部分比例协调，成型及过渡圆润自然，看似随意实则严谨，刚健中蕴含着柔和，不经意间显出制作者不俗的工艺和审美水平，实为一把骨肉停匀、刚中蕴柔、优美洒脱的六方茗壶。

梅、兰、竹、菊四君子的泥绘装饰，凸显出泥绘艺人的美术底蕴和泥绘功力的不凡，犹如画家处于厚积薄发状态，在宣纸上一气呵成绘出四联花草水墨画，流畅、洒脱、栩栩如生。

此壶系笔者2005年于成都工艺美术小商品市场收购，当时便觉得是一把老壶，由于壶作者名款"踪德林"一直查不到确切年代和出处，笔者推测此壶为中华民国初期的一家紫砂作坊所制。

茗壶简介	山水方壶	
	制壶	陈伟（工艺美术师）
	铭刻	小惠（疑为陈惠红，高级工艺美术师）
	泥料	底槽青
	容量	380毫升

赏析：

　　这把壶依照清代制壶名家申锡的覆斗壶而制成，壶钮、流和底足作了一定创新。制作工艺精湛，线、面的曲度和过渡拿捏到位，逐渐外撇的壶腹曲面在下方先突出一圈裙摆式的轮廓线，然后以圆滑的弧面急收至底足，四块外放的壶腹曲面与四块内收的底足过渡曲面像书法中的一撇和一捺，形成呼应比对，增加了壶的整体美感。

　　壶体的一面刻绘了一幅写意江流图，另一面刻绘了"金石癖，翰墨缘"六字。江流图刀法简洁，但远山近水画意盎然。六字书法刻绘豪放有力，耐人寻味。美中不足处为书法面略显拥挤，若字体稍小一些，或稍稍右移一些，与落款之间多一点留白，效果会好些。

茗壶简介	财源滚滚壶	
	制壶	陈惠红（高级工艺美术师）
	铭刻	陈惠红
	泥料	紫泥
	容量	380 毫升

赏析：

　　这把壶是陈惠红在清代陈明远的"四足方壶"和中华民国时期江案卿的"狮球壶"的基础上创新而来。从壶盖、壶颈、壶肩、壶胸直至壶腹下部，以及左右延伸的流和把，都贯穿了方中寓圆的造型理念。各部件之间过渡自然，气韵贯通。喜狮抱着元宝式的小球作为壶钮，憨态可掬，兽爪形的壶足与壶钮造型上下呼应。整把壶给人以安定、满足、喜庆之感。

　　从装饰看，壶体一面刻绘了传统的写意江流图，另一面则以行书体刻绘了郑板桥《行书四言联》中的"山随画活，云为诗留"八字，行书书法和刻绘技巧均佳。

茗壶简介	金榜题名壶	
	制壶	顾洪军（工艺美术师）
	刻绘	尹怀（工艺美术师）
	泥料	黄金段泥
	容量	350毫升

赏析：

此壶为壶作者在传统六方壶的基础上创新而成，曾荣获2013年"艺博杯"江苏省工艺美术精品大奖赛金奖。

壶钮、壶盖、壶嘴、壶把及壶身均以方传神，所有线面周正挺拔。从壶钮向下直到壶足，大大小小有七八个层次，各层转折均清晰利落。在整把壶横平竖直的主基调下，壶肩、壶身过渡处缓缓而下，壶把与壶体的衔接圆润柔和，壶流与壶体的衔接自然优美，这几部分与其他线面形成刚柔相济的对比，更突出了整把壶的端庄稳重。

壶作者顾洪军系江苏省工艺美术大师顾道荣之孙，师从实力派名家顾佩伦，其作品以方、圆素器为主，手工制壶功力深厚并富有创新精神。

筋纹壶

范秀芳制八卦一捆竹壶

徐君芳制梵莲壶

周志良制方菱壶

咸仲英、陆巧英夫妇制锦纹石瓢壶

茗壶简介	八卦一捆竹壶	
	制壶	范秀芳（高级工艺美术师，江苏省陶瓷艺术名人）
	泥料	黄金段泥
	容量	450 毫升

赏析：

此壶系仿制清代紫砂大师邵大亨所制神品——"龙头一捆竹壶"，但其将原作的龙头形壶流和壶把简化为竹节造型，同时对原作的细竹捆扎方式改由细藤条捆扎并进行了简化处理。

此壶虽不能与邵大亨的原作相媲美，但壶作者熟练掌握并运用了筋纹器抽象仿真的手法，以其精湛的紫砂泥捏制技艺，将各部位的竹枝、竹节塑造得骨肉停匀、苍劲清雅，体现出竹挺拔不羁的气质。

黄金段泥的选用，有意无意地表现了一种浙江安吉产的名为"黄竿京竹"的特色，同时也增加了茗壶的整体美感。

茗壶简介	梵莲壶	
	制壶	徐君芳（工艺美术师）
	泥料	大红袍
	容量	230 毫升

赏析：

此壶型是在梨式朱泥水平壶的基础上融入了菊瓣壶的元素创新而来的。壶容量不大但做工精细，气度饱满，精气盎然。

壶体像是一个充满气的气球，从横向看，像是在壶钮的下沿和壶盖的下沿各系了一根细细的扎带，纵向上则像在气球的六等分处均匀地系了六根细细的扎带，这样就从壶钮、壶盖至壶腹，由小到大构成三层，每层六瓣，像三枝饱满怒放的梵莲花，其圆润外凸的花瓣给人以强烈的视觉冲击。

所用朱泥颜色鲜正，颗粒度适中，手感润泽舒适。美中不足的或许是壶流在伸出壶腹后有一个90度的拐角，该角度若能平缓一些，过渡更圆滑一些，整把壶的气韵会更加连贯和优美。

茗壶简介	方菱壶	
	制壶	周志良（工艺美术师）
	泥料	底槽青
	容量	420 毫升

赏析：

　　这把壶是在前述八方壶的基础上"筋纹化"而来，原有的八方体巧妙地被演化成八瓣筋纹。造型设计的大格局仍沿用了"方中有圆，圆中寓方"的理念。此壶制作手法精湛，各片筋纹部件捏制精确，片与片之间过渡自然圆润，从壶钮、壶盖、壶肩、壶腹由小到大构成三层八条筋纹造型，而且每层纵向筋纹凹凸搭配，成锐角凸起的筋纹与圆润凹陷的筋纹相互对比呼应，不仅丰富了造型的变化，同时在整体圆润饱满的格调中透出一股风骨嶙峋的韵味。

　　依笔者之见，此壶达到了筋纹器中不可多见的优秀水平。

茗壶简介	锦纹石瓢壶	
	制壶	咸仲英、陆巧英夫妇（咸仲英为正高级工艺美术师，江苏省工艺美术大师）
	泥料	紫泥
	容量	440 毫升

赏析：

　　此壶是对传统石瓢壶"筋纹化"创新而来，壶作者制壶时虽然年事已高，但仍如其多年前创制代表作"济公壶"时一样，做工一丝不苟，制作完美无瑕。

　　细密的"锦纹"从壶盖中间开始生成，通过壶的盖面、口沿、壶肩、壶胸，直至壶腹，不断增粗、长大、变强。整把壶上下方向从壶钮至壶足，左右方向从壶流至壶把，线面过渡清晰圆润，气韵贯通，肩胸丰满，精神十足。

　　整把壶既保持了传统石瓢壶的端庄稳重，又增添了筋纹器的细腻优美。

仿生壶（花塑器）

茗壶简介	吉祥如意壶	
	制壶	葛岳纯（正高级工艺美术师，江苏省陶瓷艺术名人）
	刻绘	张宝东（国家级工艺美术师）
	泥料	底槽青
	容量	380 毫升

赏析：

　　这把壶就笔者见识范围所及找不到相似的壶型，也拿不准是否应该归类于仿生器中，姑且认为壶作者的创意是来自于某件青铜器或瓷器。此壶的如意纹压盖中间的方形台上站立着一只憨态可掬的大象，是为壶钮，因此将壶取名为"吉祥如意"（谐音"吉象"）。壶体俯视为椭圆，正视为梯形，凹台形的壶肩与同样凹形的壶足相互呼应，增添了壶的骨感。

　　壶体一面刻绘有一幅喜鹊柿树图，寓意"事事如意"。另一面刻绘南宋诗人吕祖谦的《夏日书事》诗中的"小园新雨余，蔬畦共风味"一句。刻绘艺人张宝东职称虽不高，但从此壶的诗画刻绘可见其功力不俗，已具大家风范。整把壶给人以喜庆、安稳、俊秀的感觉。

茗壶简介	荸荠壶	
	制壶及装饰	史永棠（工艺美术师）
	泥料	清水泥
	容量	350 毫升

赏析：

这把壶为仿制当代紫砂七老之一的花塑器大师蒋蓉的作品。

壶作者在原型壶的局部有所感悟和创新，如从壶把向壶腹引出一根枝叶，在不失荸荠壶的逼真度的同时，使壶体显得更为丰富。另外，壶钮的细部捏制形状细腻传神，壶钮尖部颜色的浅化等，较大程度上增添了荸荠蒂的层次感和逼真度。

壶钮、壶体、壶流和壶把的泥色搭配得巧妙自然，恰如其分地给壶增添了年代感，各部分形态把握准确，做工一丝不苟，准确地再现了荸荠这种池塘野生果实的风貌。该壶极易让人联想到儿时剥吃荸荠的情景，不失为一把形象生动、造型可爱的植物花塑器。

茗壶简介	竹段壶	
	制壶	何道洪（款）（正高级工艺美术师，国家级陶瓷艺术大师）
	泥料	紫泥
	容量	500毫升

赏析：

竹段壶为传统壶型，诸多名家均制作过此类壶型。上海博物馆收藏了一把上海金山区清代墓葬出土的，由清代蒋万泉制、陈曼生铭刻的双节竹段壶；宜兴陶瓷博物馆收藏了一把由清代杨凤年制作的三节竹段壶；南京博物馆亦收藏了现代朱可心大师制作的双节竹段壶。

这把壶从壶型上看应该是仿制了朱可心所制竹段壶，属于壶作者中青年时期的作品，壶底上的印款为"道洪制壶"。这把壶的嵌盖与壶口咬合严丝合缝，盖面凸起的弧度饱满圆滑，与壶的平肩（口沿）之间的过渡自然顺畅，同时与壶腹凹入的弧面互为呼应，加强了壶体的美感和竹节的挺拔骨感。壶钮、壶流和壶把由细竹节构成，其粗细度掌握得恰到好处，体现出竹节风骨嶙峋的格调。整把壶各部位比例适度，做工精湛，结合外气韵贯通，造型优美，竹段韵味十足。

茗壶简介	高梅桩壶	
	制壶及装饰	吴芳娣（高级工艺美术师）
	泥料	紫泥
	容量	600 毫升

赏析：

吴芳娣师承国家级工艺美术大师顾绍培。梅桩壶最早有据可查的应为清代陈鸣远所创，之后诸多壶艺家制作过类似壶型，但基本上每把壶的壶型皆各有变化，这正是花塑器器型丰富、可发挥不同的壶作者想象力的特征之一。

此壶容量属于大品，壶体呈不规则椭圆形，稍稍向壶嘴方向倾斜，壶流和壶把也配合相似的倾斜度，在不影响整把壶的稳定性的基础上增添了壶的张力。

由小梅枝做成的壶钮古朴可爱，由粗梅枝左右延伸后生成的烟斗状的三弯流、耳型的壶把与壶体的衔接过渡圆滑，气韵贯通，苍劲有力。壶盖上发自壶钮梅枝的梅花和壶身上发自壶把梅枝的梅花均塑造得栩栩如生。有别于梅段和梅枝泥色，梅花采用了紫泥略配红泥的调色，在保持润泽的紫泥的整体古朴、大气的基础上，丰富了色调的变化。

茗壶简介	鱼化龙壶	
	制壶及装饰	卢伟萍（助理级工艺美术师）
	监制	徐汉棠（国家级工艺美术大师）
	泥料	底槽青
	容量	380 毫升

赏析：

　　此种壶型为典型的传统壶型，最早由清代邵大亨大师首创，创意取自"鱼龙变化"的神话传说，之后清末著名壶艺家黄玉麟也制作过同类壶型。这把壶当然不能与邵大亨的鱼化龙壶媲美，但在徐汉棠大师的指导下，也体现了鱼化龙壶型云纹动态飘逸、鱼龙逼真传神的特征。

　　邵大亨的鱼化龙壶没有壶钮，以盖上伸出的龙头代替壶钮。黄玉麟的鱼化龙壶有两种，一为双铜丝提梁形式，二为带壶钮和耳形端把形式。这把壶有壶钮和耳形端把，主要是模仿了黄玉麟的第二种壶。做工方面，从如意纹壶钮、壶盖上可伸缩转动的龙头，到壶身一侧跃向龙门的鱼和另一侧霸气出水的龙都塑造得细腻而生动。该作品是一把值得细细赏玩的花塑器。

茗壶简介	南瓜壶	
	制壶及装饰	顾建芳（高级工艺美术师）
	泥料	原矿绿泥
	容量	400 毫升

赏析：

　　南瓜壶为花塑器中的典型传统壶型，据可查记录，最早由清代陈子畦首创，其后诸多名家制作过同类型壶。较著名的有陈鸣远所制的南瓜壶，近年曾拍得3200万元高价。如前所述，花塑器的特点之一就是同一壶型不同作者所制作品变化多端，正所谓此南瓜壶非彼南瓜壶。

　　顾建芳师承花塑器大师蒋蓉，在花塑器壶艺方面功底扎实。这把壶比典型南瓜壶略高，整把壶分成七片瓜瓣，其嵌盖与壶口的咬合严丝合缝，使得每片瓜瓣浑然一体。壶身泥料为青绿色，模拟了成长中的南瓜在老熟之前的颜色。壶钮、壶流、壶把以及从把端处生长出的细枝和瓜叶则采用了调色紫泥，两种泥色搭配自然、大气。瓜蒂顺理成章地作为壶钮，几片瓜叶卷成壶流，瓜藤弯曲成耳形把，从把端处生长出的细枝和瓜叶旁还挂着一只小小的嫩南瓜，一只甲壳虫跃跃欲试地飞向瓜叶……各细微之处均做工精湛，意趣盎然。

茗壶简介	清风（竹段）壶	
	制壶及铭刻	徐安碧（正高级高级工艺美术师，中国陶瓷艺术大师）
	泥料	紫泥
	容量	800 毫升

赏析：

　　此壶为单节竹段壶，整把壶的设计风格简洁、庄重、大气、古朴。相比于双节竹段、三节竹段或多节竹段，壶体曲面显得平整空旷，有利于刻绘装饰。俯视壶面为规则的圆形，正视壶体为长方形，由细竹枝塑造的壶钮、壶流和壶把，张力十足，竹的骨感形象生动。从竹枝上生长出来的几片竹叶造型优美逼真，充分体现出壶作者的美术功底。

　　壶作者本身有深厚的书法和美术功力。此壶除了造型端庄、做工精湛以外，刻绘装饰亦令人称道，壶体一面刻"源清流洁"四字，寓意当官做人要清正廉明；另一面刻古茶诗"一叶香茗藏世界，半壶清泉煮乾坤"，行草书法自成一体，苍劲有力，入木三分。从书法和刻绘来看，这把壶应代表了当代紫砂刻绘装饰的一流水平。

茗壶简介	灵芝供春壶	
	制壶	徐达明（正高级工艺美术师，中国陶瓷艺术大师）
	泥料	青灰段泥
	容量	350毫升

赏析：

供春壶为紫砂壶鼻祖，明代供春大师首创。之后诸多名家也制作过此类壶型，较著名的有清末黄玉麟、中华民国江案卿等人所制的作品，近现代则以徐汉棠家族所制"灵芝供春"较为著名。徐达明系徐汉棠大师长子，从小受陶艺熏陶，且天资聪明，成名甚早，经多年辛勤耕耘，2010年晋升为中国陶瓷艺术大师和正高级工艺美术师。其著名作品有长生茶具、红木提梁壶系列和灵芝供春等，可惜于2016年因病逝世，享年仅64岁。

这把壶采用清灰段泥制作，壶作者并未刻意追求或点缀树瘿的效果，但在看似随意的塑造和拿捏中却自然地体现出供春壶上老树的树瘿特色。两朵灵芝构成的壶钮，不规则的椭圆凸面压盖，由壶肩、壶胸处向左侧自然伸出的短流，从右侧伸出的下端分支的老树枝状耳把，以及树瘿遍布、裂纹累累的壶胸、壶腹，都体现出壶作者以不加特意修饰的手法而自然准确表现供春壶树瘿形态的高超技艺。整把壶体现的沧桑感十分强烈。

茗壶简介	新竹鼓壶	
	制壶	钱丽媛（正高级工艺美术师，江苏省工艺美术名人）
	泥料	底槽青
	容量	500 毫升

赏析：

这把壶系壶作者在传统矮竹鼓壶和传统双线竹鼓壶的基础上变化创新而成，其创新主要体现在壶钮、壶盖、壶流和壶把上。

壶钮从原简单的单根竹节弯成的桥钮变成四根细竹节合成的桥钮，从钮的两根细竹节上分别引出两根带竹叶的细枝延伸到壶盖的两侧（引用了竹段壶壶盖的做法）。壶肩圆盘向右收缩成细竹枝，构成壶把（共四根竹枝组成）的一部分，壶胸圆盘向左收缩成细竹枝，构成壶流（共三根竹枝组成）的一部分，这种构思妙不可言。圆盘和竹枝间的转换自然、圆润、平滑。如此创新后，壶钮、壶盖比原传统竹鼓壶更加精神，更加优美，壶流、壶把与壶体的衔接更加流畅，整把壶更具有竹子的风骨和韵味。

从壶钮向下，壶的层次丰富，曲面凸起的壶盖、短颈、宽肩、挺胸，竖直的平腹，腹至圈足间的急收的过渡层，圈足形状与壶颈形状相似，形成上下呼应，每一层结构都交代得清楚，而且层与层之间过渡自然圆润。

整把壶从上到下、从左至右气韵完美贯通，体现出壶作者对于化塑器制作的深厚功力。

茗壶简介	熊猫壶（五件套茶具）	
	制壶及装饰	顾建芳（高级工艺美术师）
	泥料	原矿芝麻段泥
	容量	350毫升

赏析：

熊猫壶由近现代国家级大师吕尧臣首创。此壶采用芝麻段泥，并以套件形式推陈出新，别有一番新意。

壶作者制作技艺朴实无华，准确地把握了熊猫的拙笨率真、憨态可掬的特征。用黑棕色泥料捏制的竹节形态的短流、耳把与熊猫形态的壶体相互映衬，增强了所要表达的造型特征的效果。以黑棕色泥料点缀的熊猫五官、双臂与壶主体的芝麻段泥形成近似天然熊猫颜色的色差，给人以自然和明快之感。

备上一套古朴呆萌的熊猫茶具，邀上三两位好友围坐品茗，岂非悠然自得，不亦乐乎？

茗壶简介	青蛙莲子壶	
	制壶及装饰	闵璐（高级工艺美术师）
	泥料	清水泥
	容量	480 毫升

赏析：

　　这把壶是在现代花塑器大师蒋蓉创制的青蛙莲子壶的基础上创新而来，蒋蓉原作的壶体是在一个比较规范的段泥圆球体上用几种其他颜色的紫砂泥装饰的。此壶彻底打破了原作壶体的构成格局，直接采用底槽青的泥料捏制成莲花花瓣造型，壶流用几片荷叶卷成，壶把用几节嫩藕弯曲而成。壶盖上可360度旋转活动的莲子和蹲在莲芯上随时准备跃起的小青蛙与蒋蓉原作相似，底足是由荷花花瓣自然收缩形成的简单一捺底。

　　壶作者的制作工艺一丝不苟，全壶做工完美无瑕。八片荷花花瓣生动逼真，有一种雨后突然绽放的感觉。壶腹上部饱满，下部较大幅度收缩，使整把壶具一种向上挺拔、柔中带刚的气度。

壶与茶说

嗜茶者不一定要懂紫砂壶，但爱壶者则须略懂一些茶理，原因之一应该是两者的选择差异。嗜茶者可选用紫砂壶、瓷壶、盖碗或玻璃杯等作为茶具，但爱壶者却只选紫砂壶一种，其功能就是泡茶。因此藏友就有必要考究一下紫砂壶的宜茶性、茶的制作原理以及紫砂壶与茶的关系了。

紫砂泥的结构特点是泥中有大量的"团聚体"存在，团聚体内部的闭口气孔和团聚体之间的开口气孔使紫砂壶具有透气（茶不易变质）而不透水功能，能留茶香又可保温，这就是我们常说的紫砂壶的"宜茶性"。这种宜茶性是瓷茶具和玻璃茶具所不具有的。

当然紫砂泥还有其他重要特性，即其在湿泥料状态下具有高可塑性，在高温烧制成型后具有丰富美丽的色彩。这两种特性与壶型设计和制壶有关，而与饮茶无直接关系，本节不赘述。

日常生活中的茶叶种类可谓五花八门、林林总总，按颜色可以简单分为七大类，即绿茶、青茶（乌龙）、红茶、黑茶、黄茶、白茶和花茶，具体如下：

◆ 绿茶有龙井、碧螺春和黄山毛峰等；

◆ 青茶（即乌龙茶）有武夷肉桂、铁观音和冻顶乌龙等；

◆ 红茶有正山小种、滇红、祁红和宜红等；

◆ 黑茶有安化黑茶、普洱等；

◆ 黄茶有君山银针、广东大青叶等；

◆ 白茶有白毫银针、白牡丹等；

◆ 花茶（二次配制茶）有茉莉花茶、桂花茶等。

要说明紫砂壶与各种茶的关系，还要大致了解各类茶的制作工艺中的一个重要步骤，即发酵程度，如下：

◆ 绿茶——不发酵；

◆ 青茶——半发酵；

◆ 红茶——全发酵；

◆ 黑茶——后发酵；

◆ 黄茶——轻发酵；

◆ 白茶——微发酵；

◆ 花茶（二次配制茶）——其发酵程度视所用基本茶的种类而定，其特点是具有观赏性。

在说明了紫砂壶的宜茶性和各类茶在制作过程中的发酵程度后，壶和茶的关系就简单了。在饮用半发酵和全发酵茶时一般首选紫砂壶。

◆ 绿茶——首选雅致玻璃杯，次选白瓷盖碗（饮绿茶时可欣赏泡开的茶叶之美，而且绿茶为不发酵茶，怕焖）；

◆ 青茶——首选紫砂壶，次选细瓷盖碗；

◆ 红茶——首选紫砂壶，次选细瓷盖碗；

◆ 黑茶——首选紫砂壶，次选细瓷盖碗；

◆ 黄茶——首选细瓷盖碗，次选紫砂壶（壶宜选大口、浅身、小容量壶，黄茶亦有怕焖的特点）；

◆ 白茶——首选雅致玻璃杯，次选细瓷盖碗（饮白茶时可欣赏泡开的茶叶之美，而且白茶为微发酵茶，也怕焖）；

◆ 花茶（二次配制茶）——首选细瓷盖碗，次选玻璃杯（饮花茶时可欣赏泡开的茶叶和花瓣之美）。

当然上述仅为一般情况，不同的地域习惯和不同的个人爱好都会对茶具有不同选择，在此就不一一叙述了。

附录：部分壶艺大师题字

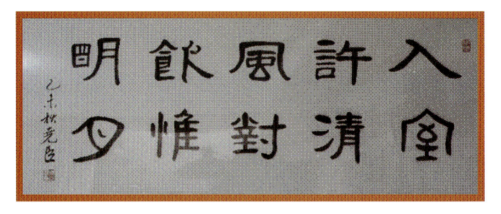

中国工艺美术大师吕尧臣先生题词

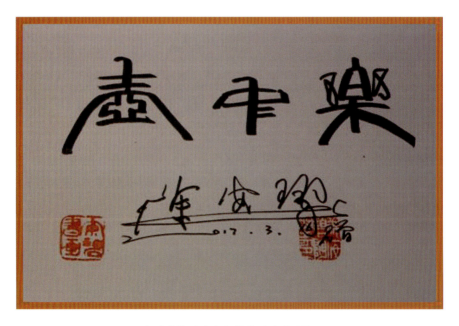

中国陶瓷艺术大师徐安碧先生题词

中国工艺美术大师季益顺先生题词

中国工艺美术大师李昌鸿先生题词

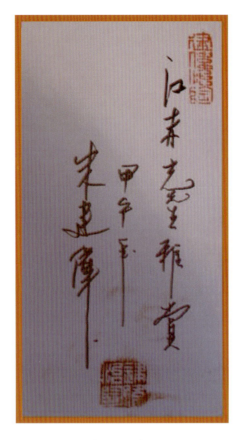

江苏省工艺美术大师朱建伟先生题词

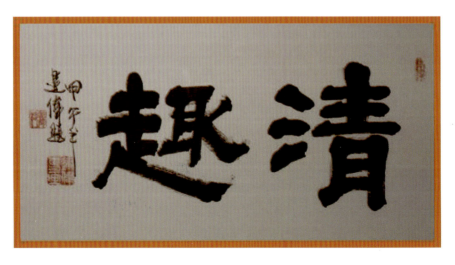

江苏省工艺美术大师朱建伟先生题词

参考文献

1. 顾景舟主编.宜兴紫砂珍赏.中国香港：三联书店，1992.

2. 韩其楼，夏俊伟主编.中国紫砂茗壶珍赏.上海：上海科学技术出版社，2011.

3. 壶之宝馆吴士保编著.紫砂器投资收藏手册.上海：上海科学技术出版社，2009.

4. 叶佩兰顾问，陈润民主编，赵友厚执行主编.紫砂器拍卖投资大指南（全新第二版）.北京：故宫出版社，2013.

5. 吴光荣，黄健亮著.紫砂名壶鉴赏.北京：印刷工业出版社，2011.

6. 唐恺著.文玩品鉴·紫砂.济南：山东美术出版社，2009.

7. 吴鸣著.紫砂·传承·创新.上海：上海人民美术出版社，2010.